Mon[illegible]

In the spirit of the
Jen garden, I will
attempt to transmit
no message—other than
it was a great weekend
in Montreal for Nathan
David and me—and
Anna-Rachael and
Jared had (obviously)
a super time with
you. Thanks.

Nina

BONSAI PENJING

BONSAI PENJING

collection du/of the
Jardin botanique de Montréal Botanical Garden

Dorothy-Ann Donovan & Marc Lord
avec / with
David Easterbrook

Jardin Botanique de Montréal
4101, rue Sherbrooke Est
Montréal, Québec, H1X 2B2

CIDEM-Communications
Ville de Montréal
155, rue Notre-Dame Est
Montréal, Québec, H2Y 1B5

EDITIONS
marcel broquet inc

Case postale 310, LaPrairie, Québec
J5R 3Y3 — (514) 659-4819

Le Jardin botanique de Montréal
est une composante du
Service des travaux publics de la
Ville de Montréal

The Montréal Botanical Garden
is a division of the
public works department,
city of Montreal

Photographie/Photography: Réjean Martel
Conception visuelle/Design: Pierre Laporte
Conception de la page couverture/Cover Design: Pierre Laporte
Collaboration à la recherche/Research assistance: Ghyslaine Gagnon
Michel Marcoux
Normand Cornellier
Collaboration technique/Technical assistance: Marie-Jeanne Préfontaine
Sylvie Saint-Germain

Éditions Marcel Broquet Inc.
Dépôt légal — Bibliothèque nationale du Québec
3e trimestre 1985
ISBN 2-89000-164-4

Données de catalogage avant publication (Canada)

Jardin botanique de Montréal
Bonsaï-penjing

(Collection Jardins)
Catalogue de l'exposition permanente du Jardin botanique de Montréal sur les bonsaïs.
Texte en français et en anglais.
Comprend un index.
Bibliogr.:
ISBN 2-89000-164-4

1. Bonsaï - Catalogues et collections - Québec (Province) - Montréal. 2. Jardin botanique de Montréal - Catalogues. I. Titre. II. Collection.

QK73.732.J73 1985 635.9'772'0740114281 C85-094106-7 F

TABLE DES MATIÈRES

* le chiffre entre parenthèses
accompagnant le nom scientifique.

CONTENTS

* the figure in brackets
following the scientific name.

Ulmus parvifolia (114) — Orme de Chine / Chinese elm — 43 ans / years

PRÉFACE

Une promenade à notre Jardin botanique est toujours un enseignement et un enchantement : une leçon de choses, une source intarissable de plaisir esthétique, un bain de santé pour le corps et pour l'esprit.

Ce jardin possédait déjà deux très belles collections d'arbres miniatures ; l'une nous est venue de la Chine, l'autre du Japon ; les Chinois les appellent penjings, les Japonais, bonsaïs. À ces collections vient de s'ajouter une autre, des plus rares — quarante-sept penjings — don d'un riche banquier de Hong-Kong, M. Wu Yee-Sun. Ils occupent dans leur serre, le Jardin céleste, une place de choix et évoquent la nature et l'esprit de l'Extrême-Orient, le visible et l'invisible.

L'art du bonsaï symbolise, en effet, l'harmonie entre l'homme et la nature, notre première source d'inspiration. Il nous enseigne aussi que la matière de l'art est inépuisable, puisqu'un arbre se prête à la sculpture en mille formes artistiques ; ses adeptes — et mieux que tous, en expert reconnu, M. Wu Yee-Sun — nous le démontrent, comme ils témoignent de la fidélité des Orientaux à des traditions ancestrales, de leur souci de la précision, de leur aspiration à l'excellence.

Les dieux, a dit un poète ancien, nous offrent les beautés de la nature au prix le plus raisonnable : pour rien. Le geste de M. Wu Yee-Sun, poète à sa manière, est d'un grand mécène, comme aussi celui de nos autres généreux donateurs chinois et japonais ; il a la beauté de ce qui l'inspire : l'amour de la nature et de la vie à préserver. Les Montréalais s'en souviendront. En leur nom et en mon nom personnel, je remercie ceux qui nous ont offert ces arbres miniatures.

Jean Drapeau
Maire de Montréal

PREFACE

A walk through the Montréal Botanical Garden is forever a learning experience, brimming with enchantment: a lesson on life itself, an inexhaustible source of aesthetic pleasure, a magnificent oasis to refresh the body as well as the soul.

This garden already possessed two very beautiful collections of dwarfed trees: that of China and that of Japan; the Chinese call them penjing, the Japanese refer to them as bonsai. To these collections is added a third, made up of 47 very rare penjing, donated by a wealthy Hong Kong business leader, Mr. Wu Yee-Sun. In their special greenhouse, they offer visitors a special glimpse into the nature and spirit of the Orient, into what can be seen and into what must be felt.

The art of bonsai represents harmony between man and nature, our prime source of inspiration; it also shows us that this art is boundless, as a tree may be sculpted into thousands of artistic shapes; the proof of this is in the achievements of its many enthusiasts, especially the acknowledged master, Mr. Wu Yee-Sun. These trees also bear witness to the oriental peoples' loyalty to ancestral traditions, to their care for detail and their aspiration to excellence.

An ancient poet said, "The gods offered us beauty at the best possible price: for free." The donation from Mr. Wu Yee-Sun, a poet in his own right, is that of a great patron of the arts. He has the beauty of his inspiration, the love of nature and of the life he tries to preserve. Montrealers will also remember these acts of generosity. On behalf of all Montrealers, I wish to thank all those who have offered us these dwarfed trees.

Jean Drapeau
Mayor of Montréal

Podocarpus macrophyllus (106) — Podocarpe de Chine / Buddhist pine — 135 ans / years

PRÉFACE

Montréal a maintenant acquis ses lettres de noblesse comme grande capitale culturelle sur le plan international.

Cette réputation d'excellence est attribuable, pour une large part, à la qualité des institutions qui y sont implantées. Si elles se distinguent par l'enseignement qu'elles dispensent, elles n'en visent pas moins le même objectif: celui de rendre la culture universelle accessible à tous.

Depuis sa fondation, il y a plus d'un demi-siècle, le Jardin botanique de Montréal favorise cette notion d'accessibilité à la culture en tissant des liens privilégiés entre les peuples et les cultures étrangères.

Le phénomène a pris une ampleur nouvelle avec l'inauguration d'une serre exclusivement consacrée aux penjings, ces arbres nains dont le style, à la fois dépouillé et majestueux, évoque la philosophie puriste du continent asiatique.

Ces magnifiques penjings, qui ont suscité des échos à travers toute l'Amérique, viennent rehausser l'imposante collection du Jardin botanique et contribuent à faire de Montréal un centre international de référence et d'exposition de ces oeuvres d'art.

Avec l'acquisition des penjings de Hong-Kong, Montréal est consciente d'avoir obtenu une part très précieuse du patrimoine oriental et c'est avec fierté qu'elle s'engage à en perpétuer les grandes traditions.

Le président du Comité exécutif,
Yvon Lamarre

PREFACE

Montréal has acquired a solid international reputation as a cultural capital.

This reputation of excellence is due, in large part, to the high quality of institutions established within the city. If these institutions offer a vast array of subjects, they nonetheless all have a common aim: that of making culture universally accessible.

Since its foundation more than 50 years ago, the Montréal Botanical Garden has favoured the development of this notion of universal accessibility by forging very special links with foreign cultures and peoples.

This phenomenon has grown considerably since the inauguration of a special greenhouse devoted to penjing, whose spare though majestic style evokes the purity of thought of the Asiatic continent.

These magnificent penjing have been the talk of the North American continent and have further enriched the Botanical Garden's vast collection. They have contributed to making Montréal an international centre of excellence for the study and display of these works of art.

With this recent acquisition, Montréal holds a very precious part of this oriental heritage, and it is proud to preserve one of the world's great traditions.

Yvon Lamarre, Chairman
Montréal Executive Committee

Ulmus parvifolia (36) — Orme de Chine / Chinese elm — 30 ans / years

AVANT-PROPOS

La mission la plus noble d'un jardin botanique est de favoriser des relations harmonieuses entre les hommes et les plantes.

Toutes les civilisations humaines racontent l'étroite dépendance des hommes et de la nature. Les grands jardins botaniques envoyaient, au cours des siècles derniers, leurs botanistes et leurs explorateurs à la découverte du monde végétal dans le but de présenter au grand public les joyaux vivants du patrimoine universel.

Le Jardin botanique de Montréal s'inscrit depuis plus de 50 ans dans cette ligne de pensée. Le Frère Marie-Victorin, son fondateur, et M. Henry Teuscher, son concepteur, ont rassemblé à Montréal de vastes collections de plantes provenant de tous les continents.

Cette mission s'est accentuée au cours des récentes années par l'acquisition, en 1980, d'une importante collection de bonsaïs et de penjings provenant de la Chine et du Japon. Ce don exceptionnel s'est concrétisé à la suite de la tenue, à Montréal, des premières Floralies internationales en terre d'Amérique. Conçues et réalisées par le Jardin botanique de Montréal, ces Floralies ont entraîné la participation de 23 pays d'Europe, des Amériques, d'Asie et d'Afrique.

En 1984, le Jardin botanique de Montréal s'enrichissait d'une partie de la précieuse collection d'arbres miniatures de M. Wu Yee-Sun de Hong-Kong. Ce maître à penser de l'école Lingnan du sud de la Chine est reconnu internationalement comme l'un des grands artistes chinois de notre époque. Ses arbres, admirablement sculptés, sont maintenant exposés en permanence dans le Jardin céleste du Jardin botanique.

FOREWORD

The most noble mission a botanical garden can have is to favour the establishment of more harmonious relations between man and nature.

In every civilization, man has talked about this intimate relationship. During the past century, the world's great botanical gardens have sent botanists and explorers out to discover the world of plants and bring these living jewels of our universal heritage back for public display.

This has been a major concern for the Montréal Botanical Garden for more than 50 years. Brother Marie-Victorin, the garden's founder, and Henry Teuscher, its designer, brought vast collections of plants from the four corners of the earth to Montréal.

This mission has grown over the years, especially with the acquisition in 1980 of major collections of penjing and bonsai from China and Japan. These exceptional donations were made following the Floralies internationales, a first for North America. Designed and organized by the Montréal Botanical Garden, this international flower and plant show featured exhibits from 23 countries in Europe, the Americas, Asia and Africa.

In 1984, the Montréal Botanical Garden was further endowed when Mr. Wu Yee-Sun donated part of his precious collection of dwarfed trees. A leader of the Lingnan School of southern China, he is internationally recognized as one of the great Chinese artists of our times. His beautifully sculpted trees are now on permanent display in our "Garden of Weedlessness".

L'art du bonsaï et la culture d'arbres miniatures sont le reflet de traditions séculaires et expriment l'hommage le plus pur que l'homme puisse rendre à la nature. Puisant aux sources de la science et de l'art, ces arbres et ces paysages miniatures témoignent de la pérennité de la vie. Des centaines de milliers de visiteurs ont déjà admiré l'extraordinaire collection de bonsaïs et de penjings du Jardin botanique de Montréal. Nous souhaitons que ce livre apporte à des milliers d'autres le message émouvant de leur présence.

Pierre Bourque
Directeur, Jardin botanique de Montréal

The art of the bonsai and the culture of dwarfed trees reflect the secular traditions and constitute the highest homage man can pay to nature. Drawing its source from both science and art, the culture of these trees and miniature landscapes bears witness to the everlastingness of life. Hundreds of thousands of visitors have already admired the Montréal Botanical Garden's collection of penjing and bonsai. We hope that this book will carry this message of life to thousands more.

Pierre Bourque, Director
Montréal Botanical Garden

“Le ciel, la terre et l’homme en harmonie”

(Proverbe chinois)

“Heaven, Earth and Man in Harmony”

(Chinese proverb)

Paysage de Guilin, source d'inspiration des artistes chinois.

Guilin landscape is a prime inspiration to Chinese artists.

La recherche de l'harmonie entre l'homme et la nature fait partie intégrante de l'art de vivre des peuples d'Orient. La nature est la source de toute énergie; elle nourrit, elle fortifie; et l'homme doit sans cesse y retourner puiser car c'est elle qui engendre et développe les âme vigoureuses.

En Chine, ce désir inné de s'intégrer au « Mouvement de Croissance perpétuel » a marqué les grands courants philosophiques. Le taoïsme, religion populaire fondée au VIe siècle avant notre ère, eut pour effet d'accentuer et de propager à grande échelle cette recherche de paix intérieure au moyen de la communion avec la nature. Par cette symbiose, le taoïste était assuré de parvenir à dominer sa peur et son insécurité.

Deux grands poètes chinois qui vécurent vers le Ve siècle, Hsieh Ling-Yun et T'ao Ch'ien (ou T'ao Yuan-Ming), ont propagé à tous les échos la philosophie taoïste à l'égard de la nature. Encore célèbres aujourd'hui, leurs poèmes, qui chantent les vertus de l'immortalité et de la solitude et qui pleurent sur la sérénité lointaine des montagnes et des fleuves, ont cristallisé, dans la Chine entière, le désir de « s'élever au-dessus de la poussière de la terre », de réaliser cette union parfaite avec l'énergie pacificatrice. Longtemps plus tard, ces mêmes thèmes inspireront les créateurs de jardins chinois.

Est-ce pour faire pénétrer cette sérénité dans leurs jardins et dans l'intimité même de leurs résidences que les Chinois décidèrent de réduire la taille de leurs arbres et de leurs montagnes ? Une telle miniaturisation, vue avec des yeux taoïstes, concentre l'essence de l'univers et intensifie par là même sa force dynamique. Ainsi densifiée, la nature continue de prodiguer son énergie à ceux qui participent à sa beauté.

The relentless quest for harmony between nature and man is intimately linked to the life cycle in the Orient. Nature is the source of all energy; it nourishes, it fortifies. Mankind must periodically return to its embrace for it is nature which creates and injects vitality.

In China, this profound need to enter into communion with the "Movement of Perpetual Growth" influenced the major schools of philosophy. But it is Taoism, the popular religion founded in the 6th century, B.C. that stressed this quest for interior peace by communing with nature and popularized this precept on a larger scale than ever before. By becoming one with nature, Taoists could vanquish their fears and insecurities.

Two great Chinese poets of the 5th century A.D., Hsieh Ling-Yun and Tao Chien (or Tao Yuan-Ming) were fervent propagators of Taoist teachings. Their poems praised the virtues of immortality and solitude, aspiring for the serenity of the mountains and the rivers. They expressed the need to rise above "the Web of the Earth's Dust" and called for a perfect union with the pacifying Energy.

Did the Chinese seek to bring this vital force of nature into their gardens and into the intimacy of their homes by scaling down the size of their trees and mountains? For Taoists, this miniaturization resulted in concentrating the essence of nature which would then transmit its beneficial energy to whoever participated in its beauty.

Devotees of universal beauty attach great significance to seasonal cycles of growth. Tangible ex-

Ces fervents de la beauté universelle attachent une grande importance au rythme d'évolution des saisons. Les expressions tangibles de transformation qu'ils y découvrent leur permettent de sentir en tout temps le pouls de l'univers. En Chine et au Japon, cette union constante se trouve favorisée par un climat pratiquement idéal.

Avec le temps, cependant, en Orient tout comme en Occident, les villes ont empiété sur presque tous les espaces sauvages, privant ainsi leurs habitants du contact privilégié avec la force de la nature. Par le bonsaï qui renferme, dans sa taille concentrée, l'essence de l'univers, le citadin peut continuer de s'unir au mouvement des saisons et au grand cycle de la vie.

Aussi, le jardin d'un fervent bonsaïste sera-t-il composé de plantes des quatre saisons. L'été, il pourra se tourner vers de petites forêts dont le sol, empreint de mousse humide, l'invitera à la fraîcheur. En automne, voyant son érable prendre des couleurs, il se réjouira parce que son arbre « est en fleurs ». L'hiver, devant ses bonsaïs entièrement dépouillés, il pourra tout à loisir méditer sur leur beauté intérieure... avant que la grande énergie du printemps les entraîne vers une nouvelle renaissance.

L'art du bonsaï est le fruit d'une longue évolution dont on ne saurait préciser l'origine exacte. Le fait qu'il fut introduit au monde occidental par les Japonais nous a longtemps laissé croire que ce passe-temps avait pris naissance dans ce pays. Tel n'est pourtant pas le cas et il faut se tourner du côté de la Chine pour remonter jusqu'aux racines profondes des premiers arbres cultivés dans des vases.

Bien avant que l'on s'adonne à la culture d'arbres en pots pour des raisons purement esthétiques, de

pressions of these seasonal transformations allow them to continually be attuned to the pulse of the changing universe. In China and Japan, this constant union is further heightened by an almost ideal climate.

Over the ensuing years however, cities in the Orient, like those in the West, have encroached on almost all available land, cutting off urban man's close contact with nature's forces. But a bonsai, within its concentrated existence, contains the essence of the universe, thereby allowing man to reestablish this union with the changing seasons and with the universal life cycle.

The garden of a bonsai enthusiast will of necessity contain trees for each of the four seasons. During summer, the bonsaiist can draw from the coolness of a grove of dwarfed trees with humid moss covering its soil to inspire a feeling of refreshment. At the autumn change of colours, he can state that "his maple is in blossom". During winter, the bonsaiist can admire the inner beauty of his trees, as the leaves have fallen to the ground. And he can witness the rebirth of nature's energy in spring.

The art of the bonsai is the fruit of a long continuous evolution whose origins are obscured by the mists of time. The Japanese introduced this art to the Western world leading many people to believe that bonsai had originated in that country. This is incorrect and one must look towards China to unearth the true roots of this art.

Long before people began growing trees in pots purely for aesthetic reasons, numerous civilizations

nombreuses civilisations avaient, depuis l'Antiquité, découvert et tiré profit des avantages de la culture de plantes dans des contenants. Cette pratique, appliquée aux plantes médicinales ou comestibles, avait un but strictement utilitaire puisqu'elle permettait, en toutes circonstances, de déménager son jardin et sa pharmacie.

Mais, un jour, dit-on, un arbre d'une beauté exceptionnelle, coincé dans la crevasse d'un rocher, attira l'attention d'un promeneur. Ce dernier, profondément ému par le caractère imposant et le grand âge de l'arbre, éprouva le désir de pouvoir le contempler chaque jour. Aussi le transplanta-t-il dans un vase, mettant à profit les techniques apprises pour la culture de plantes utilitaires. La croissance de l'arbre avait été interrompue, et celui-ci, resté naturellement nain, aurait bien pu être, croit-on, le premier bonsaï.

La culture d'arbres solitaires ou de paysages dans des pots pourrait aussi avoir puisé toute ou partie de son inspiration dans l'art d'aménager des jardins chinois qui était déjà très développé sous les dynasties des Hsia, Shang et Chou (env. 2205-255 avant Jésus-Christ). La légende rapporte à ce propos que le magicien Fei Jiangfeng, qui vécut sous la dynastie des Han orientaux (25-220), détenait le pouvoir de miniaturiser sur des plateaux des paysages de rochers, de montagnes, d'arbres, de rivières, de maisons, d'hommes et d'animaux. Comme toute légende s'appuie sur un fond, même partiel de vérité, pourrait-on croire que ce personnage ait été un peu bonsaïste en même temps que magicien?

Une chose est certaine: le poète T'ao Ch'ien, qui vécut à la fin du IVe siècle, a beaucoup contribué à répandre ce passe-temps qu'il avait fait sien. On raconte que cet homme de lettres était incapable de se soumettre à la discipline qu'exigeait son emploi

dating back to antiquity cultivated medicinal plants or fruit-bearing trees.

But legend records that long ago a traveller found an exceptionally beautiful tree growing from a crevice. The traveller marveled at the imposing character and very old age of the tree and wished to admire it every day. He transplanted it in a container employing his knowledge of growing herbs in pots. The tree's growth was stunted and it remained dwarfed, thereby becoming what may have been the first bonsai.

The culture of single trees or landscapes in pots may well have been inspired in whole or in part by the art of landscaping Chinese gardens first created and developed under the Hsia, Shang and Chou dynasties (circa 2205-255 B.C.). Another legend tells of the magician Fei Jiangfeng who lived during the oriental Han dynasty (25-220) and who had the power of miniaturizing rocky landscapes, mountains, trees, rivers, houses, men and animals within a flat pot. If every legend is based on a hint of truth, however slight, is it possible that this figure was somewhat of a bonsaiist as well as being a magician?

What is certain is that poet Tao Chien of the end of the 4th century played a major role in popularizing this pastime. It is said that this man of letters was unable to adapt to the demands and compromises required by his profession of mandarine. He complained "he was mortgaging himself to his mouth and belly". He retired to the countryside with his family to live off the earth and spend his remaining time cultivating his beloved chrysanthemums in pots.

de haut fonctionnaire car cette façon de vivre consistait pour lui à « hypothéquer son être profond au profit de son palais et de son estomac ». Il se retira donc à la campagne avec sa famille pour vivre du travail de la terre et consacra ses loisirs à cultiver, dans des vases, les chrysanthèmes qu'il affectionnait particulièrement.

* * *

Le nom qui servit à qualifier les arbres nains a subi de nombreuses transformations. Sous la dynastie des Tsin (265-420), on les appela d'abord « pun-sai » (mot chinois qui signifie « planté dans un pot ») puis « pun-wan ». Avec le temps, l'aspect du bonsaï se modifia et les collectionneurs commencèrent à y incorporer des éléments de paysage et des figurines. Vers la fin de la dynastie Ming (1368-1644) et le début du règne des Ch'ing (1644-1911), ces paysages nanifiés se verront attribuer le nom « penjing » que nous connaissons aujourd'hui.

À la différence du bonsaï, qui est un arbre solitaire dans un pot, le penjing traduit, par la disposition artistique de divers éléments, une dimension de paysage. À l'instar de la peinture dont il s'inspire, il recrée la nature d'une façon concentrée mais à l'échelle. C'est ainsi que l'on peut retrouver dans une assiette de moins d'un mètre de longueur une chaîne de montagnes qui, dans sa dimension originale, s'étendrait sur plusieurs kilomètres. Le journaliste américain Ronald W. Pilling dit de ces paysages qu'ils offrent à l'oeil « un voyage en miniature parmi les arbres, les montagnes et les fleuves de la Chine ».

Pendant la période de paix qui caractérisa le règne des Ch'ing, l'art du bonsaï s'étendit à toute la Chine. En 1688, on donna à ces arbres nains le nom de « pen-tsuai », mot chinois que les Japonais tradui-

* * *

The word used to describe these dwarfed trees has undergone change over the years. During the Tsin dynasty (265-420) they were called "pun-sai" (Chinese for "planted in a pot"). This name was later changed to "pun-wan".

The appearance of bonsai also changed and growers began including landscape elements and figurines. Finally, in the latter part of the Ming dynasty (1368-1644) and during the beginning of the Ching dynasty (1644-1911), miniature landscapes were named penjing, the name which still exists today.

Unlike the bonsai which is a single tree in a pot, the penjing represents a landscape with an artistic arrangement of various elements. Like the paintings which inspired it, it recreates nature on a concentrated scale. Thus, within a shallow pot less than one metre long, one can view a whole range of mountains which in actual size would extend many kilometres. American writer Ronald W. Pilling says these landscapes offer "a visual journey-in-miniature among the trees, mountains and rivers of China."

During the peaceful reign of the Ching dynasty, the art of bonsai spread throughout China. In 1688, these miniature trees were renamed "pen-tsuai", the Chinese equivalent of the Japanese "bonsai" (planted in a pot: "bon" meaning pot and "sai" meaning planted).

It is hard to say exactly when the art of bonsai was introduced to Japan. What is known is that by the

Sur les peintures chinoises figuraient souvent des arbres miniatures.

Ancient Chinese paintings often depicted miniature trees.

sirent plus tard par « bonsaï» (« bon» signifiant pot et « saï» planter).

L'on ne saurait affirmer exactement à quelle époque l'art du bonsaï fut introduit au Japon. On sait pourtant que déjà vers le VIIIe siècle, la culture et l'art chinois avaient une grande influence dans ce pays. Les nombreux voyageurs, marchands et moines bouddhistes, mais particulièrement les ambassadeurs japonais qui séjournaient en Chine, furent éblouis par le raffinement de la cour chinoise. Les penjings qui ornaient les salles du palais impérial constituaient l'une des manifestations les plus frappantes de cette finesse du goût. Soucieux d'introduire ce symbole de raffinement à la cour impériale nippone, les ambassadeurs y rapportèrent des spécimens de ces précieuses plantes.

Les premiers documents attestant l'intérêt des milieux aristocratiques japonais pour ce phénomène remontent à la période Kamakura (1180-1333). On trouve notamment une illustration d'arbre en pot dans un parchemin signé de Takane Takashina. Les références verbales remontent à une époque encore plus ancienne. La légende raconte que le célèbre moine bouddhiste Honen Shonin (1133-1212) était un fervent collectionneur de bonsaïs. Un rouleau découvert longtemps après sa mort montre des petits arbres qui seraient, croit-on, ceux de sa collection.

Au XIVe siècle, le bonsaï prend place sur les autels bouddhistes comme élément de décoration au même titre que l'« Ikebana» puisque, à l'instar de cet art floral, il représente l'harmonie du ciel, de l'homme et de la terre; communion qui se révèle aussi fondamentale pour les Japonais que pour les Chinois.

Au cours des siècles suivants, les Japonais développeront progressivement l'habitude de cueillir,

8th century, Chinese art and culture already held a great influence over this country.

Numerous travellers, merchants and Buddhist monks journeyed to China, but mainly Japanese ambassadors. They were overwhelmed by the refinement of the Chinese Imperial Court. Penjing adorned the halls of the imperial palace, symbolic of the refinement of court life. Wishing to emulate their Chinese counterparts, Japanese returned home bearing gifts of precious dwarfed trees.

The first documented evidence of the interest shown by Japanese aristocrats for this phenomenon dates back to the Kamakura period (1180-1333). A scroll by Takane Takashina depicts a tree in a pot. Verbal references date back even further. Legend records that the famous Buddhist monk Honen Shonin (1133-1212) was an avid bonsai collector. A scroll was discovered many years after his death depicting miniature trees which are said to have been part of his collection.

In the 14th century, bonsai were placed on Buddhist altars alongside Ikebana floral arrangements as both arts represent harmony between nature and man. This idea of unity is central to both the Japanese and Chinese cultures.

During the following centuries, the Japanese gradually became adept at collecting and training wild trees found growing in practically inaccessible mountainous areas of the countryside. Guilds and great masters began emerging. During the Tokugawa period (1603-1867), the codification of the art

Le bonsaï a joué un rôle important dans l'art japonais.

Bonsai play an important role in Japanese art.

pour ensuite les transformer en bonsaïs, des arbres qu'ils dénicheront le plus souvent en montagnes, dans des endroits pratiquement inaccessibles. Les guildes et les grands maîtres commencent à se distinguer. Au début de la période Tokugawa (1603-1867) on entreprend la codification de l'art du bonsaï; et, en 1873, l'empereur Meiji-Tennô lui accorde le statut d'art national. La culture d'arbres miniatures, autrefois réservée à une élite, devient accessible à toutes les couches de la société. Une fois la codification de cet art terminée, l'engouement pour les arbres nains devient tel que bientôt on verra s'ouvrir de nombreuses pépinières pour répondre à la demande. Vers 1890, on peut observer des changements notoires: d'une part, on commence à fabriquer de façon industrielle des contenants plus petits et moins profonds; d'autre part, le bonsaï adopte une apparence plus naturelle et plus uniforme.

L'art du bonsaï fut présenté aux pays occidentaux par les Japonais lors de l'Exposition universelle de Paris, en 1878, puis à celle de Londres en 1909. Cinq ans plus tard, l'exposition eut lieu dans la capitale nippone; et, depuis 1934, l'événement se répète chaque année au Musée des Beaux-Arts de Tokyo.

Avec la Deuxième Guerre mondiale et l'Occupation du Japon, le phénomène bonsaï gagna l'Ouest des États-Unis et s'étendit très vite à toute l'Amérique du Nord. Le mot japonais «bonsaï» devint alors l'appellation courante, acceptée dans tous les pays, pour qualifier les arbres nains dans des pots, soient-ils bonsaïs ou penjings. C'est pourquoi, de nos jours, en Chine, au Japon ou ailleurs l'on entend couramment, tant les grands experts que les gens ordinaires, s'entretenir de la culture de leurs bonsaïs.

of bonsai was begun. In 1873, Emperor Meiji-Tenno declared the bonsai to be the national art of Japan. The culture of miniature trees, once reserved to an elite class, became the pastime of all levels of society and rigid codification was completed. The desire to cultivate dwarfed trees became so strong that special bonsai nurseries soon appeared to fill this demand. Beginning in 1890, greater evolutions took place. Shallower and smaller bonsai containers were manufactured and Japanese bonsai took on a more natural and unified appearance.

It is the Japanese who presented the art of the bonsai to the Western World, during the Paris International Exhibition in 1878 and during the London Exhibition in 1909. Five years later, the exhibition was held in Tokyo, and since 1934, an annual bonsai show has been held in the Tokyo Museum of Fine Arts.

Following World War II and the Occupation of Japan, the bonsai phenomenon conquered the United States and spread throughout North America. The Japanese word "bonsai" became the generic term to describe dwarfed trees in all languages, whether they be bonsai or penjing. That is why today, in China as well as in Japan, great masters as well as amateur bonsaiists all care for their "bonsai".

* * *

Dwarfed trees are works of art aptly described as living sculptures. It is essential that certain rules concerning balance be observed. One of the great masters of the art, Wu Yee-Sun, underlines the importance of choosing the appropriate pot for

* * *

Ces arbres nains sont des oeuvres d'art que l'on qualifie à juste titre de sculptures vivantes. Aussi, est-il primordial d'en respecter toutes les règles d'équilibre. À cet effet, le grand maître bonsaïste de Hong-Kong, M. Wu Yee-Sun, insiste sur l'importance de bien choisir le contenant d'un bonsaï. « Tout comme un vêtement, explique-t-il, le vase doit s'harmoniser avec la plante qu'il habille, tant dans sa forme que dans sa taille et sa profondeur. Si un habit ne sied pas à une personne, peu importe alors la qualité du tissu ou la valeur de l'homme qui le porte, l'association ne pourra donner de bon résultat. Il en est de même pour un bonsaï et son pot ».

Les pots sont fabriqués de divers matériaux. De façon générale, les collectionneurs, et même ceux du Japon, s'accordent à dire que les contenants en terre cuite sont préférables à ceux en pierre ou en marbre et que ces derniers sont supérieurs à ceux en porcelaine. Les contenants de terre cuite, tout en reflétant la simplicité, ont une apparence unique. En effet, la beauté d'un contenant ne réside pas seulement dans la perfection de sa forme mais aussi dans l'expression de son vécu. Tout comme l'âge blanchit la tête de l'homme, les années de soleil modifient la couleur naturelle du pot de terre cuite. Tout comme le visage de l'homme se ride, le pot de terre cuite se crevasse. La terre cuite chinoise est très en demande à travers le monde à cause de la supériorité qu'on lui reconnaît, tant dans le style que dans le raffinement des formes et la qualité de la terre utilisée.

Le choix du socle d'un bonsaï se révèle tout aussi primordial que celui du contenant car lui aussi contribuera à rehausser la beauté de l'arbre ou du paysage. Comme le pot est l'habit du bonsaï, la

each plant. As in the case of a man's clothing, he says, the pot must be in harmony with the plant it dresses, by its shape, its size and its depth. If a man wears an ill-fitting suit, the quality of the material and the value of the man have little bearing, and the resulting association will be one of failure. It is the same for a bonsai and its pot.

Pots are made of various materials. Bonsai growers, even those of Japan, generally agree that the best pots are made of earthenware and are better in quality than sandstone or marble pots, which in turn are more suitable than porcelain pots. Earthenware pots reflect the simplicity of the art and present a unique appearance. The beauty of a pot is not only in the perfection of its shape, but also in the expression of its past. As age will turn a man's hair to white, years of sunlight will alter the natural colour of an earthenware pot. Just as the passage of time imprints its mark on an old man's wrinkled face, the earthenware pot will develop hairline cracks. Chinese earthenware is much in demand throughout the world. This reputation is due to the superior style of Chinese pots, the refinement of their shapes and the high quality of the earth used in the fabrication.

Choosing a table on which to exhibit a bonsai is as important as choosing the right pot for it also enhances the appearance of the tree or the landscape. As the pot is the clothing of the bonsai, so the table is its shoes. The majority of display tables are made of wood but there are some made of porcelain or of wood inlayed with marble or mother-of-pearl. The most prized tables are made of red sandalwood. This tree grows in the tropical forests of South-East Asia and has a number of unique characteristics,

table, elle, en constitue le soulier. La plupart des tables de ce genre sont en bois mais on en trouve en porcelaine ou encore en bois incrusté de nacre ou de marbre. Parmi les espèces utilisées, le bois de santal rouge obtient la préférence. Il croît dans les forêts tropicales du Sud-Est asiatique et se distingue des autres par la caractéristique qu'il a de s'enfoncer dans l'eau, ce qui permet aussi d'en vérifier l'authenticité. Viennent ensuite l'acajou puis le bois de rose.

« Lorsque l'on admire un bonsaï, écrit Donald Richie, on admire l'âge... mais aussi, dans une forme plus réduite et par conséquent plus compréhensible, la nature elle-même. Le bonsaï est un cosmos portatif. C'est un microcosme qui renferme et traduit, dans tous ses éléments à l'exception de la taille, le mystère de l'univers. Nous nous sentons humbles devant l'arbre en pot. Nous l'encourageons à s'affirmer, nous l'aidons, nous l'assistons. Et, devant l'émotion qu'il produit — même nous, Occidentaux à l'âme fragmentée — nous nous sentons redevenir entiers en intégrant notre place au sein du grand ordre encore mal compris de l'univers. »

one being that it does not float, making it very easy to authenticate a sandalwood table. Other favoured materials include mahogany and rosewood.

"When we admire a bonsai," writes Donald Richie, "we are admiring age... but we are also admiring, in a smaller and hence more understandable form, nature itself. The bonsai is a portable cosmos. It is, precisely, a microcosm, containing within it, unchanged in everything but size, the mystery of the universe. We properly feel humble before the tree in the pot. We encourage it to express itself, we help it, we assist and aid. And in this way we — even we of the fragmented West — are made whole again by taking our proper position within the barely understood scheme of nature itself."

L'École Lingnan: la technique du "laisser croître et tailler"

The Lingnan School: The "Grow and Clip" Method

M. Wu Yee-Sun / Mr. Wu Yee-Sun

INTRODUCTION

La culture artistique de plantes dans des vases a débuté en Chine il y a environ 1700 ans, sous les dynasties Tsin et T'ang et ce passe-temps acquit une grande popularité sous le règne des Ming et des Ch'ing. Non seulement connaissait-on bien, à l'époque, l'histoire du célèbre poète T'ao Yuan-Ming (T'ao Ch'ien) qui cultivait des chrysanthèmes dans des vases, mais ce fait est considéré, en Chine, comme le point de départ de la culture de l'arbre en pot.

Ce passe-temps grandit en popularité au cours de la dynastie des T'ang. Dans les peintures datant de cette période et du règne des Sung, figurent notamment des pins, des cyprès, des chrysanthèmes, du bambou, des pruniers et des érables, tous dans des vases. Cette culture jouissait donc déjà de la faveur populaire. Elle continua de se propager et, sous les dynasties Ming et Ch'ing, on put constater des changements de style et de méthode.

Vers la fin de la dynastie Ch'ing et le début de la République de Chine, il y a quelque 80 ans, des collectionneurs d'arbres nains de la province de Kuang-tung préconisèrent l'abandon de la méthode artificielle courante qui consistait à utiliser des fils de métal pour orienter la croissance des arbres, car cette méthode était contre-nature. Ils introduisirent la technique du « Laisser croître et tailler » qui puisait son inspiration dans les peintures anciennes.

C'est alors que l'on vit émerger des arbres nains à l'aspect vieux et gracieux. Ce nouveau procédé fut appelé « l'école Lingnan ». Les collectionneurs de penjings de plusieurs autres provinces adoptèrent cette méthode et, ainsi, la culture artistique d'arbres dans des vases fut élevée au statut d'art. Ce changement de style constitue une évolution majeure dans l'histoire de la culture d'arbres en pots.

The art of training artistic pot plants originated some 1700 years ago in China during the Tsin and the Tang dynasties and became very popular during the Ming and Ching dynasties. The growing of chrysanthemums in pots by the celebrated poet, Tao Yuan-Ming was not only well known at the time, but may be considered to mark the beginning of artistic pot plants in China.

The cultivation of dwarfed trees grew in popularity during the Tang dynasty. From the paintings of the Tang and Sung dynasties we find that subjects include pine, cypress, chrysanthemum, bamboo, plum and maple trees — all in pots. This indicates that dwarfed tree culture was already very popular during this period. The culture continued to develop, and in the Ming and Ching dynasties, there were changes in the style and method of growing.

Towards the end of the Ching dynasty and the beginning of the Republic of China, some 80 years ago, dwarfed tree growers in the Province of Guangdong advocated abandonment of the former artificial method of shaping trees with wires, as this method was against nature. The growers introduced the "Grow and Clip" method, which was inspired by Chinese painting techniques.

As a result, dwarfed trees with an ancient and graceful appearance emerged. This is known as the «Lingnan School» of Artistic Pot Plants. Artistic dwarfed tree growers in various other provinces turned to this method which raised pot plant culture to the status of art. This change in style constitutes a major development in the culture of dwarfed trees.

Mon grand-père, Wu Yee-Hong, et mon père, Wu York-Yu, qui étaient de grands admirateurs de l'art du bonsaï, ont été de fervents propagateurs de l'école Lingnan. C'est pourquoi, profondément influencé par la tradition familiale, j'ai été amené à apprendre dès mon tout jeune âge, les secrets de cet art. Afin d'en répandre les principes, j'ai publié, en 1969, un ouvrage intitulé « Man Lung Artistic Pot Plants » qui traite de plus de 200 bonsaïs de ma collection. On peut se procurer des exemplaires de ce livre en écrivant au « Hong Kong Baptist College » à Hong-Kong.

J'ai toujours désiré partager la joie que me procure la culture d'arbres nains avec ceux qui s'y intéressent. Par la collection du Jardin botanique de Montréal, les fervents de l'art du bonsaï pourront désormais contempler les arbres de l'école Lingnan dans leurs dimensions réelles.

La plupart de mes enfants de même que leurs épouses ont fait leurs études supérieures au Canada. Autrefois, lorsque ma santé me le permettait, je me rendais chaque année au Canada et aux États-Unis et je considère en quelque sorte le Canada comme ma seconde patrie. C'est pourquoi j'ai choisi 30 arbres nains de ma collection et je les ai offerts au Jardin botanique de Montréal qui jouit d'une renommée internationale. Comme les conditions météorologiques, les conditions du sol et l'environnement se sont révélés adéquats pour les arbres, j'ai sélectionné 17 autres spécimens de ma collection pour les donner à cette institution. Ces dons ont pour but de faire connaître l'école Lingnan aux amateurs de bonsaïs d'outre-mer. J'espère en outre que, grâce à ce don, le Jardin botanique de Montréal deviendra le centre d'excellence des bonsaïs de l'école Lingnan à l'extérieur de l'Asie.

Wu Yee-Sun,
Hong-Kong

My grandfather, Wu Yee-Hong, and my father, Wu York-Yu, both keen lovers of bonsai art, were outstanding figures of the "Lingnan School". For this reason, as a boy, I was deeply influenced by my family tradition in the art of bonsai, with which I became familiar. In order to promote the Chinese art of bonsai, in 1969, I compiled a book "Man Lung Artistic Pot Plants", in which more than 200 pots of bonsai from my collection are included. Copies of this book are available by writing to the Hong Kong Baptist College, Hong Kong.

It has always been my wish to share the enjoyment I derive from the culture of artistic pot plants with those people interested in the art. Instead of just viewing pictures of plants, bonsai lovers can appreciate pot plants of the Chinese "Lingnan School" style in their physical forms.

Most of my children and their spouses received and completed their higher education in Canada. In the past, when I was in better health, I would travel to Canada and the United States every year, and Canada may be regarded as my second home country. For this reason, I selected 30 pots of dwarfed trees from my collection and donated them to the world-famous Montréal Botanical Garden in October 1984. As the climatic and soil conditions and the environment proved suitable to the plants, I selected another 17 pots from my collection for the Botanical Garden. My purpose is to introduce bonsai of the Lingnan School to bonsai lovers overseas. I further hope that through this donation, the Montréal Botanical Garden becomes the centre, outside Asia, for Lingnan School bonsai.

Wu Yee-Sun,
Hong Kong

Ehretia microphylla (31)

Ce thé de Fukien cultivé dans la forme quasi-verticale a très bonne allure. La première courbe du tronc commence juste au-dessus de la surface du sol et les autres courbes sont de moins en moins prononcées en allant vers la cime de l'arbre. Les branches, gracieusement penchées, s'harmonisent avec l'ensemble. Les lignes droites et formelles du récipient antique ne semblent pas s'associer avec le reste mais ce contraste voulu vise à faire ressortir le charme féminin de l'arbre. À la dernière minute, M. Wu a décidé de remplacer cet arbre par un autre thé de Fukien d'une beauté encore plus grande.

This quasi-vertical Fukien tea shows excellent form. The first curve of the trunk starts just above the soil surface and subsequent curves become progressively smaller towards the apex of the tree. The graciously bending branches also harmonize with the overall design. The straight, formal lines of the antique pot seem incongruous but this contrast is purposeful in order to highlight the tree's feminine charm. At the last minute, Mr. Wu decided to replace this tree with another Fukien tea of even greater beauty.

Sageretia thea (41)

Ce sageretia a la forme que l'école Lingnan appelle inclinée. Bien qu'en gros on puisse la comparer au style incliné du Japon, la forme inclinée illustrée ici est typiquement chinoise en ce qu'elle présente des lignes beaucoup plus exagérées.

This hedge sageretia is styled in what is known by the Lingnan school as the reclining style. Though it may roughly be compared to the Japanese "slanting style", the reclining style is characteristically Chinese exhibiting a much more extreme and exaggerated form.

Le soleil n'est pas encore levé sur la mer devant Hong-Kong. Il est cinq heures. Un homme d'âge mûr quitte son domicile et prend le train à destination des Nouveaux Territoires. Comme il y a très peu d'espace disponible en ville, Cheung Sau-Jean, un homme d'affaires respecté de Hong-Kong, s'est aménagé un jardin à plusieurs kilomètres de la ville. Il s'y rend chaque matin, avant d'aller au travail, pour prendre soin de sa précieuse collection de penjings. Pour M. Cheung, la culture du penjing a débuté comme un passe-temps que la passion a su élever au niveau de l'Art.

The sun has not yet risen over the sea before Hong Kong. It is five o'clock in the morning. An elderly man leaves his home and rides the train into the New Territories. Because there is little available space in the city, Cheung Sau-Jean, a respected Hong Kong businessman, has built a garden miles from the city. He must water and care for his precious collection of penjing every morning before going to work. For Mr. Cheung, the culture of penjing is a pastime turned passion to become an art-form.

Au cours de ses 1700 ans d'histoire, la culture du bonsaï a vécu de nombreuses transformations. Dans la plupart des régions de Chine, les collectionneurs ont développé des styles spécifiques en fonction du caractère particulier des espèces disponibles et des traditions artistiques locales.

C'est ainsi que les bonsaïs de Su-chou, dans la province de Chiang-su, près de Shanghaï, seront généralement des ormes, des sageretia et des grenadiers, alors qu'à Hang-chou, dans la même province, les pins, les cyprès, les ormes et le buis se transformeront, sous l'inspiration du collectionneur, en «dragons tourmentés». Les amateurs du comté de Xi-xian, dans la province voisine, An-hui, se concentrent, eux, sur la culture de genévriers et de pruniers qu'ils orientent le plus souvent en des courbes gracieuses à la manière d'une danse de dragons. Le défi que se sont donné les artistes de

The traditional Chinese art of training dwarfed trees has adopted a diversity of forms in its 1700-year history. Distinctive styles stemmed mainly from the natural appearance of indigenous species available to penjing growers, and the artistic preferences of various regions within China.

Thus penjing culture in Suzhou, in the province of Jiangsu, near Shanghai, featured elm, hedge sageretia and pomegranate trees, while, within the same province in the city of Yangzhou, writhing dragons emerged from the trunks of pine, cypress, elm and boxwood trees. Growers in Xixian county in the neighbouring province of Anhui concentrated on training juniper and plum trees to curl upwards like dancing dragons. Developing thick old dignified trunks of the yew podocarpus, the serissa

Ch'eng-tu dans la province de Szu-ch'uan, en Chine centrale, est de parvenir à sculpter des troncs à l'aspect robuste, âgé et digne, à partir de podocarpes, de serissa et de cognassiers.

Vers la fin du XIXe siècle, on vit émerger à Kuang-chou, dans la province de Kuang-tung, à l'extrémité sud-est de la Chine, une école appelée Lingnan (qui veut dire « au sud des montagnes »). Les premiers maîtres de cette école de pensée, s'inspirant des peintures de l'école Lingnan fondée sous la dynastie des Sung du Sud (960-1280), développèrent un concept inédit qui devait transformer tant la structure que l'agencement des paysages d'arbres nains. Cela eut pour effet de leur conférer, comme l'explique le grand maître de Hong-Kong, M. Wu Yee-Sun, « un aspect âgé, noueux, en même temps que gracieux... ce qui contribua à élever la culture des arbres miniatures au statut d'art ».

Les adeptes de cette école travaillent de préférence avec le bougainvillé, le micocoulier de Chine, le thé de Fukien, la pyracanthe (buisson ardent), le sageretia, le chèvrefeuille, le podocarpe, l'orme de Chine, le murraya paniculé, le pin noir du Japon et le serissa. Les arbres cultivés à la manière Lingnan, dégagent de la puissance et beaucoup de naturel tout en conservant une allure un peu primitive.

Comme les autres traditions en matière de bonsaïs, l'école Lingnan a adopté plusieurs styles de base. Les experts de Hong-Kong en comptent 12 principaux que l'on peut combiner au besoin : l'arbre en solitaire, les jumeaux, l'arbre à troncs multiples, la forme forestière, le style en cascade, la forme en semi-cascade, l'ombre de la rivière, le tronc incliné, la branche dormeuse, la forme du lettré, le tronc double (mère et fils), et la forme rupestre.

and flowering quince constituted the main preoccupation of penjing artists in Chengdu in Sichuan province, in Central China.

Finally, out of the city of Guangzhou, in the Guangdong province on the southeast tip of China, emerged a distinctive new school at the end of the 19th century: the Lingnan School (meaning south of the mountains). This school, inspired by ancient Lingnan paintings dating back to the Southern Sung dynasty (960-1280), resulted in the development of a new concept for dwarfing trees, which, in the words of Hong Kong penjing expert, Wu Yee-Sun, "have an ancient gnarled appearance as well as an easy grace... and raised the pot culture to the status of art."

Species most commonly used in this school are the bougainvillea, Chinese hackberry, Fukien tea, firethorn, hedge sageretia, honeysuckle, podocarpus, Chinese elm, murraya, Japanese black pine and serissa. Lingnan style trees have been described as powerful, natural, with a touch of the wild.

In the Lingnan School, as in other bonsai traditions a number of basic styles are used. The Hong Kong growers generally focus on 12 primary styles which may be combined: single tree, two-tree style, multiple trunks emerging from a single stump, forest style, cascade plant, semi-cascade plant, water shadow style, reclining plant, branch-out style, dropping style, mother-with-son style and rock-clinging style.

In order not to radically change the natural appearance and qualities of a tree, the Lingnan School

Ehretia microphylla (10)

Ce thé de Fukien s'appuie contre un rocher. Le tronc creux en ensellure de ce vieil arbre se marie ingénieusement au roc poreux que l'on trouve dans certaines cavernes des montagnes. Par ailleurs, la roche confère à ce tronc étroit un aspect de volume et de plus grande vitalité.

The style of this Fukien tea is termed "Tree leaning on a rock". The curving, hollowed trunk of this aged specimen is cleverly married to a porous rock found in certain caves located in the mountains. The rock serves to give the narrow trunk a thicker, more flaring appearance.

Afin de ne pas modifier radicalement l'aspect naturel et les qualités propres à chaque arbre, l'école Lingnan a rejeté l'utilisation des fils de métal, des poids et des autres moyens artificiels pour orienter la forme des bonsaïs. Ses fondateurs ont mis au point une nouvelle approche qui consiste à laisser les arbres croître librement puis à les tailler. D'où son nom «Laisser croître et tailler».

Les artistes du Lingnan taillent un tronc ou une branche juste au-dessus d'un bourgeon ou d'une nouvelle tige. Cette pousse peut alors se développer librement, tant en longueur qu'en épaisseur, jusqu'à ce qu'elle atteigne presque les mêmes dimensions que la branche ou le tronc dont elle est issue. Cette ramification libre croîtra parfois pendant des années et pourra atteindre plusieurs mètres avant que le bonsaïste se déclare satisfait de sa taille. Le processus de taille se répète et le bonsaïste décide alors dans quelle nouvelle direction il veut orienter la croissance de la branche. Cette méthode requiert beaucoup de patience car les périodes de croissance peuvent, dans certains cas, atteindre une dizaine d'années.

Ce procédé de taille draconienne contribue aussi à développer la base du tronc et à lui donner l'allure d'un arbre âgé. Il en résulte un effilement exagéré du tronc et des branches grâce auquel l'arbre imite les proportions qu'il aurait si, laissé dans son milieu naturel, il devait atteindre une taille normale.

Parmi les maîtres de la méthode Lingnan se trouvent le père de M. Wu, Wu York-Yu, et son grand-père, Wu Yee-Hong. Ce dernier était d'ailleurs l'un des fondateurs de cette école avec notamment M. Hung Tai-Chor et le moine bouddhiste So-Yan. Parmi les autres membres qui s'y sont distingués, on compte notamment MM. Liu Fei-Yat, Mok Man-Fu, Luk Hok-Ming, Tsui Hing-Pui, Chan Kam-Tak,

rejects the use of wires, weights and artificial means of shaping trees. Instead it has developed a new approach of letting trees grow on their own and then radically pruning, hence the name "Grow and Clip".

The Lingnan artist will prune a trunk or branch just above a new twig or shoot. This new shoot is then allowed to grow in size as well as in length until it reaches almost the same dimensions as the branch or trunk from which it sprouted and looks like a natural extension of the tree. This unchecked growth will sometimes require years and will result in a branch reaching out several metres before the grower is satisfied with its size. The process of pruning is repeated, as the grower chooses a new direction in which to orient growth. This method requires a great deal of patience as growth periods between prunings may last as long as ten years.

This process of drastic pruning also helps the trunk to develop in diameter at its base giving it the appearance of an ancient tree. The resulting exaggerated taper of the trunk and branches mimics the proportions of a tree growing to its full size in the wild.

Among the Lingnan masters are Wu Yee-Hong and Wu York-Yu, Mr. Wu's grandfather and father. Mr. Wu's grandfather was a founding member of the school with Hung Tai-Chor and Buddhist monk So-Yan. Other distinguished members are Liu Fei-Yat, Mok Man-Fu, Luk Hok-Ming, Tsui Hing-Pui, Chan Kam-Tak, Yu Shun-Nam, Tang Heung-Hoi, Wong Kam, Chan Tak-Cheung, Kong Chee, Lee Shu-Chik, Chaung Sui-To and Jim Ting-Bor as well as Cheung Sau-Jean.

Murraya paniculata (22)

Lorsque M. Wu acheta ce murraya paniculé à l'état sauvage, il ne consistait qu'en deux troncs dénudés. Au cours des années qui suivirent, il le tailla méticuleusement et orienta la formation de nouvelles cimes, créant ainsi l'un des plus beaux spécimens du style vertical à Hong-Kong. Les racines sont bien proportionnées et forment un arc-boutant qui assure une transition idéale entre la surface du sol et le tronc vertical et robuste. Le maintien de proportions parfaites entre la hauteur et le diamètre du tronc et l'absence de protubérances qualifient ce spécimen de pièce maîtresse en matière de bonsaïs.

When Mr. Wu purchased this wild orange jasmine, it consisted of two bare trunks only. Over the ensuing years Mr. Wu meticulously pruned away branches and formed new apexes, creating one of the finest examples of the vertical style in Hong Kong. The well-distributed buttressing roots provide a perfect transition from the soil surface to the strong, vertical trunk. The perfect proportions maintained between trunk height and diameter and the absence of any swellings or bulges qualify this specimen as a masterpiece bonsai.

Yu Shun-Nam, Tang Heung-Hoi, Wong Kam, Chan Tak-Cheung, Kong Chee, Lee Shu-Chik, Chaung Sui-To, Jim Ting-Bor et Cheung Sau-Jean.

Tant pour M. Wu que pour ses collègues collectionneurs de Hong-Kong, la forme est sans contredit l'élément primordial dans la culture du bonsaï. «Pour cultiver un bonsaï, dit-il, il faut d'abord savoir reconnaître les traits caractéristiques de la plante cueillie à l'état sauvage puisque la nature a attribué à chaque espèce des qualités intrinsèques. Une coupe trop artificielle ruinerait l'aspect de l'arbre. Le bonsaïste qui a appris à distinguer le caractère des différentes espèces ne tentera pas, par exemple, de transformer de façon exagérée des arbres qui ont une beauté très fragile, tels l'érable et le bambou, pour leur conférer un aspect de maturité et de robustesse inhérent au pin ou au genévrier».

Cela requiert que l'on connaisse bien les caractéristiques de croissance de chaque espèce avant de décider du style et de l'agencement d'un bonsaï. Le connaisseur qui entreprend la nanification d'un arbre essaie avant tout de lui conserver ses qualités spécifiques et de supprimer les éléments superflus.

M. Wu compare ce travail artistique à celui du peintre de talent qui, tout en respectant les caractéristiques du sujet qu'il peint, en fait ressortir l'essence et trace ainsi un portrait qui transcende la beauté de l'original.

On ne peut établir de normes précises dans l'école Lingnan puisque, selon sa philosophie, chaque arbre doit être traité en fonction de sa personnalité propre. En ceci, elle s'oppose radicalement à l'école japonaise; cette dernière, en effet, s'appuyant sur un ensemble de règles extrêmement strictes, réprime parfois l'expression personnalisée et produit souvent, à l'intérieur d'un style donné, des arbres à

For Mr. Wu and his contemporary bonsai growers in Hong Kong, the most important element in training bonsai is in the styling.

"The cultivation of bonsai must first be based on the natural qualities of the plant collected in the wild," he says, further noting that nature has endowed each species with special qualities.

"Too much artificial shaping would ruin the tree," he says. "The grower who has learned to recognize the special qualities of the various species will not attempt to apply the age-old strength of the pine or juniper tree to the delicate beauty of maple or bamboo."

This requires a great deal of knowledge of the growth habits of each species before deciding upon the style and arrangement one gives to a bonsai. The knowledgeable grower who undertakes to dwarf a tree attempts, above all, to retain the natural qualities of the tree and remove any extraneous branches.

Mr. Wu compares this to an accomplished artist who, while preserving the characteristics of the object he paints, brings out the best in the object with inspired strokes of his brush and enables it to surpass the original in beauty.

Because each tree must be treated as an individual living object, there can be no hard and fast rules in the Lingnan School. This is in sharp contrast with the Japanese styling which imposes stringent rules and sometimes represses individual whimsy. This often results in a certain uniformity between trees

Celtis sinensis (39)

Ce magnifique micocoulier de Chine a été cultivé dans le style de la branche dormeuse. Le superbe pot qui date de la dynastie des Ming il y a 500 ans, rehausse la beauté, l'âge et la qualité de ce spécimen. Le motif incrusté qui dépeint d'anciennes pièces de monnaie chinoise est caractéristique des contenants fabriqués à cette époque.

This magnificent Chinese hackberry has been trained in the branch-out style. The beauty, age and quality of this specimen are offset by the superb 500-year-old pot dating back to the Ming dynasty. The incised pattern depicting ancient Chinese coins is characteristic of pots made during this period.

l'aspect presque uniforme. Les artistes japonais cherchent à conserver des formes et des courbes élégantes et harmonieuses alors que ceux du Lingnan sculptent leurs arbres à partir du caractère de chacun.

M. Wu met son art au service de ses arbres: il commence par les dépouiller entièrement pour en atteindre l'essence puis les reconstitue de façon à instaurer un équilibre harmonieux entre les parties feuillues et les espaces vides.

Observer un expert du Lingnan à l'oeuvre constitue une véritable leçon de patience et de minutie. Le président de la Société de Bonsaï de Montréal, M. David Easterbrook, eut ce privilège lors de la visite au Jardin botanique de Montréal du président-fondateur de la «Artistic Pot Plant Association» de Hong-Kong, M. Cheung Sau-Jean. Peu avant l'inauguration de l'exposition de la collection Wu, M. Cheung a offert ses services et son expertise aux horticulteurs du Jardin pour procéder à la taille des arbres à la manière Lingnan. «En voyant M. Cheung étudier attentivement chaque arbre avant de les tailler, dit David Easterbrook, on est fasciné de constater le souci du détail et de la précision que cela exige.»

Les arbres sculptés selon cette méthode ont relativement peu de branches principales et les nouvelles pousses sont taillées régulièrement pour accentuer la prédominance des branches et du tronc. En fait, lorsque les experts de Hong-Kong préparent leurs arbres pour des expositions, ils les défolient souvent complètement afin de mettre l'accent uniquement sur la beauté de la structure du bonsaï. Il en résulte des arbres qui, à première vue, peuvent paraître étranges à un Occidental. Ils diffèrent énormément des arbres très touffus, aux

of a similar style. While the Japanese design trees which can be accurately described as elegant, streamlined, with flowing curves and shapes, Lingnan artists work with the available elements in each individual tree.

In his art, Mr. Wu works with his trees, stripping them down to their essence and rebuilding to achieve harmony between living foliage and empty spaces.

Observing firsthand a Lingnan artist at work is a study in patience and detail. Montréal Bonsai Society President, David Easterbrook, had such an opportunity when Mr. Cheung Sau-Jean, the founding president of the Hong Kong Artistic Pot Plant Association arrived in Montréal to offer his counsel and expertise on the care of penjing to the staff of the Montréal Botanical Garden. Mr. Cheung agreed to prune Mr Wu's penjing, using Lingnan methods in order to prepare them for the collection's inauguration ceremonies.

"On seeing Mr. Cheung study each tree before making a pruning cut, one is fascinated by the care for detail and precision required," David Easterbrook says.

Lingnan-designed trees possess relatively few major branches and the finer branching is pinched back constantly to accentuate the importance of the branches and trunk. In preparation for exhibitions in Hong Kong, bonsai growers often remove all foliage, to display only the beauty of the tree's structure. This results in a tree that may, at first, look strange to Western eyes. It is very different

A. *Ulmus parvifolia* (8)

B. *Ulmus parvifolia* (9)

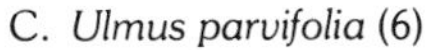

C. *Ulmus parvifolia* (6)

A. Orme de Chine sur une pierre du lac Tai-Wu

B. La disposition de ce petit orme de Chine qui prend racine vers le milieu de cette pierre de Tai-Wu en forme de demi-lune démontre bien à quel point M. Wu a maîtrisé l'art de créer des paysages.

C. Les racines de cet orme de Chine cultivé dans le style vertical, s'enroulent autour d'une pierre du Tai-Wu. Ces pierres sont draguées du fond du lac Tai-Wu (signifiant Grand Lac), près de Hang-chou.

A. Chinese elm on a Tai Wu stone

B. The setting of this small Chinese elm to spring midway from this interesting half-moon Tai Wu stone shows how Mr. Wu has mastered the art of creating landscapes.

C. The roots of this upright style Chinese elm have been trained over a Tai Wu stone. These stones are dredged up from the bottom of Lake Tai Wu (literally Big Lake), near Yangzhou.

courbes gracieuses et à l'apparence presque trop parfaite que les Occidentaux ont toujours associée aux bonsaïs japonais.

Au premier coup d'oeil, la forme trop effilée du tronc peut surprendre l'Occidental. En recherchant cette exagération, on veut conserver à l'arbre les proportions exactes qu'il aurait dans son milieu naturel. Ainsi, par la taille, on peut donner aux parties inférieures du bonsaï des dimensions beaucoup plus grandes que le diamètre qu'aurait normalement un arbre mesurant entre 60 et 120 cm.

Cette taille rigoureuse et progressive donne à l'arbre une forme effilée à la cime pointue. Elle laisse aussi dans le tronc des cicatrices très visibles qui accentuent l'expression naturelle de l'arbre. Ce dernier prend alors une apparence de maturité comme s'il avait supporté longtemps les rigueurs du temps. Les lignes anguleuses des branches principales de même que l'absence presque totale de ramifications symbolisent, dans l'école Lingnan, la robustesse et l'âge très avancé.

from the soft graceful lines, thick foliage, and almost-too-perfect appearance many Westerners have associated with Japanese bonsai.

At first glance, the exaggerated flare of the trunk may surprise many Westerners, but this deliberate exaggeration is in keeping with the actual proportions found in nature. Once again, through pruning, lower portions of the tree are trained to develop to a greater degree than would normally be possible in a plant measuring between 60 and 120 cm. This drastic and progressive pruning also results in a tapered shape towards the top of the tree.

This radical pruning also has another effect, that of leaving large visible scars on the trees. These contribute to the look of naturalness and give the bonsai the added appearance of being ancient and having withstood the vagaries of nature. The sharp angular lines of main branches are said by Lingnan artists to symbolize endurance and extreme old age, as does the nearly total absence of fine branching.

Sageretia thea (24)

Tous les arbres qui forment cette forêt de sageretia émergent d'une seule racine. Les Chinois disent que cette racine ressemble à une patte de dragon dont les puissantes griffes s'agrippent à la terre. L'arbre principal porte des signes manifestes d'une vie rude et d'une lutte constante pour survivre. Cet arbre a mérité à M. Wu la coupe Kadoorie au « Urban Council Show » de Hong-Kong, en 1968.

The ancient root from which this forest style hedge sageretia planting springs is said by the Chinese to resemble a dragon's paw, its mighty talons gripping the earth. The main tree shows evidence of years of hardship and a constant battle for survival. This tree earned Mr. Wu the internationally coveted Kadoorie Cup at the 1968 Urban Council Show in Hong Kong.

Chamaecyparis pisifera 'Squarrosa' (46)

Cet arbre à troncs jumeaux est un cultivar de faux cyprès de Sawara, originaire du Japon. Il peut atteindre jusqu'à 35 mètres (120 pieds) de hauteur. M. Wu a composé un poème en guise de complément spécial de ce penjing.

This twin-trunk style planting is a cultivar of a Sawara cypress which is native to Japan and can attain a height of up to 35 metres (120 feet). A verse of poetry was especially composed by Mr. Wu to complement this penjing.

Ehretia microphylla (14)

Le style en cascade évoque les arbres qui, pour survivre, s'agrippent aux falaises abruptes et aux faces escarpées des montagnes. Ce magnifique spécimen de thé de Fukien, aux courbes gracieuses et aux racines fortement cramponnées au sol, a été trouvé à l'état sauvage dans ce genre d'environnement. Il s'est vu attribuer le premier prix du « Urban Council Show » qui a lieu chaque année à Hong-Kong.

The cascade style is suggestive of trees that cling to sheer cliffs and precipitous mountain faces for survival. This outstanding Fukien tea with its thick anchoring roots and flowing curves was found growing naturally in such a location. It won first prize at the annual Urban Council Show in Hong Kong.

Ehretia microphylla (20)

On dit que le style incliné de ce thé de Fukien représente un vieil arbre dont le tronc aurait été partiellement déraciné par la force du vent. Il y a plusieurs années, on a coupé la base de l'arbre et on y a inséré un coin pour l'élargir; cette intervention a permis de développer chez cet arbre un aspect beaucoup plus robuste.

The style of this slanting Fukien tea is said to represent an old tree whose trunk has been partially blown over by the force of the wind. The base of this tree was split and wedged many years ago and it has now grown over and presents a more powerful appearance.

Ulmus parvifolia (1)

Cet orme de Chine d'aspect très âgé a un tronc semi-creux. Ceci est peut-être le résultat d'une blessure qui se serait agrandie par l'action de l'eau ayant dégoutté dessus pendant très longtemps.

This ancient-looking Chinese elm possesses a semi-hollowed trunk resulting perhaps from an injury which was enlarged by the action of water dripping through it over a long period of time.

A. *Ehretia microphylla* (18)

B. *Ulmus parvifolia* (35)

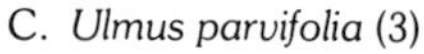

C. *Ulmus parvifolia* (3)

A. Sur ce thé de Fukien à la forme inclinée, les branches de droite s'orientent vers le ciel alors que celles de gauche se dirigent vers le sol.

B. Cet orme de Chine dégage beaucoup de force. Le tronc vigoureux à l'écorce gris pâle présente un effilement très équilibré.

C. Ce gros orme de Chine au tronc évidé illustre parfaitement le style de l'arbre âgé. Le petit figuier banian qui pousse d'un trou du tronc principal, ajoute une note de fantaisie à ce paysage. M. Wu, amusé de l'audace de ce sauvageon venu se greffer à son arbre, a décidé de le laisser croître.

A. On this leaning Fukien tea the right-sided branches are placed at an upwards slant and the left-sided branches are trained downwards.

B. This Chinese elm presents a powerful appearance. The mighty trunk covered with pale gray bark shows excellent taper.

C. This stout old Chinese elm with a rotted interior perfectly epitomizes the "old tree style". An added touch of whimsy is the small banyan tree growing from an aperture in the main trunk's base. When a small seed accidently lodged in this space and sprouted, Mr. Wu, amused at its audacity, spared the seedling.

Podocarpus macrophyllus (42)

Ce podocarpe de Chine, centenaire, se dresse comme une sentinelle silencieuse qui a seule survécu à la forêt. Un moine médite à l'ombre de ses longues branches, rappelant que cet arbre est sacré dans la religion bouddhiste.

This centenarian Buddhist pine stands like a silent sentinel having long outlived the forest. Meditating under its overhanging bough is a monk, recalling that this tree is sacred to the Buddhist religion.

A. *Ulmus parvifolia* (7)

C. *Ehretia microphylla* (12)

B. *Ulmus parvifolia* (37)

A. Cet orme de Chine à troncs multiples s'appuie sur une roche Ying-Tak recréant ainsi l'effet d'une montagne couverte de forêt.

B. Cet orme de Chine a la forme « qui s'agrippe à un rocher ». Il a été planté sur une pierre de sable il y a environ 25 ans.

C. Cette magnifique pierre Ying-Tak, qui ressemble à une falaise parfaitement verticale, est surmontée d'un thé de Fukien à troncs multiples dont les longues racines descendent vers l'arrière et entourent la pierre.

A. This multiple-trunked Chinese elm is arranged over a Ying Tak stone to recreate the effect of a forest-covered mountain.

B. This "clinging to a rock" style Chinese elm was planted over a sandstone rock over 25 years ago.

C. This magnificent Ying Tak stone ressembling a sheer vertical cliff face is surmounted by a multiple-trunk Fukien tea, its long roots extending down the back and circling around this rock.

Ulmus parvifolia (5)

«Si les plantes sont correctement fixées aux rochers, elles exprimeront très bien la beauté naturelle et évoqueront l'imagerie poétique» dit M. Wu. Ce paysage rappelle des scènes de rochers périlleux, de falaises en surplomb, de chaînes de montagnes accidentées et d'îles désertes.

"If plants are correctly attached to rocks, they will be very expressive of natural beauty and evocative of poetic imagery", says Mr. Wu. Here the viewer is reminded of such scenery as perilous mountains, overhanging cliffs, rugged mountain ranges and isolated islands.

A. *Ehretia microphylla* (32)

A. Les lignes allongées et élégantes des thés de Fukien qui composent cette forêt lui donnent une allure de majesté et de hauteur. « Les regroupements, dit M. Wu, constituent le véritable test d'originalité, de sens artistique et de réalisme en matière de bonsaïs. » Dans cet agencement de onze arbres, les trois spécimens majeurs ont des hauteurs et des circonférences similaires. M. Wu les a donc rassemblés très près les uns des autres pour créer un centre d'intérêt.

A. The tall, elegant lines of these Fukien tea trees lend this forest a towering and majestic air. "Grouping, says Mr. Wu, is the sure test of originality, artistry and realism in bonsai". In this eleven-tree planting, the three major trees are similar in height and girth, so Mr. Wu has grouped them close together to create a focus of attention.

B. *Ehretia microphylla* (13)

B. Le large tronc incliné supporté par de grosses racines solidement ancrées à la surface du pot confère un double aspect de robustesse et de délicatesse à ce thé de Fukien. « Cet arbre, dit M. Wu, évoque un vieil arbre de la campagne que les villageois et les passants auraient adopté comme lieu de rendez-vous ». Le musicien qui profite de la fraîcheur de son ombre renforce cette impression. Cet élément sert aussi à remplir le vide entre la surface du sol et la deuxième branche, et à compléter la forme triangulaire de ce penjing de premier choix.

B. The strong leaning trunk supported by large anchoring surface roots impart a powerful yet amazingly delicate appearance to this Fukien tea. "The tree evokes the image of an ancient tree growing in the countryside, used as a meeting place for villagers and passersby", says Mr. Wu. The addition of the seated musician enjoying the cooling shade provided by the overhanging branches reinforces this impression but also serves to fill the void between the soil surface and the second branch, as well as complementing the triangular shape of this masterpiece penjing.

Serissa foetida (27)

Le serissa est aussi appelé « ciel étoilé » « étoile de Pékin » ou « neige de juin » car durant l'été il se couvre de petites fleurs blanches. Cet arbre est extrêmement difficile à cultiver selon la méthode Lingnan vu que l'on ne peut prédire à quel endroit émergeront les nouvelles branches. Par conséquent, on ne peut le tailler qu'à l'apparition des nouvelles pousses. Dans ce spécimen, une petite branche remplit habilement l'espace vide formé par la grande courbe près de la base du tronc.

The common serissa is commonly named "Starry sky", "Peking star" or "Snow in June" because during spring, it is covered with tiny white flowers. This tree is extremely difficult to train according to Lingnan methods because it cannot be predicted where new branches will grow. They can therefore be pruned only when new growth appears. A small branch skillfully fills the empty space framed by the large curve near the base of the trunk.

A. Le changement radical d'orientation à la base du tronc de cet orme de Chine et son inclinaison très prononcée lui donnent un air dramatique.

A. The abrupt change of direction near the base of this Chinese elm's trunkline and its strong slant lend this tree a dramatic air.

A. *Ulmus parvifolia* (2)
B. *Ulmus parvifolia*

B. Cet orme de Chine miniature rappelle un vieil arbre. Il est extrêmement gracieux et prouve que l'on peut créer un magnifique bonsaï en quelques années à peine.

B. This Chinese elm reminds one of an old tree and is extremely graceful. It also shows that a beautiful bonsai can be created in only a few years.

Celtis sinensis (29)

Les trois troncs desséchés et couverts de lichen de ce micocoulier de Chine donnent à ce penjing cultivé dans la forme Wen-jen ou du lettré un air de grande antiquité. Dans le cas des micocouliers de Chine, les branches sont taillées jusqu'à la souche tous les six ans, régulièrement, afin de renouveler leur vitalité.

The three tall, emaciated, lichen-covered trunks of this Chinese hackberry lend this penjing in the Wen-jen or literati style, a look of great antiquity. The branches of a Chinese hackberry are routinely cut back to stumps at six-year intervals in order to renew their vitality.

A. *Sageretia thea* (25)

B. *Sageretia thea* (26)

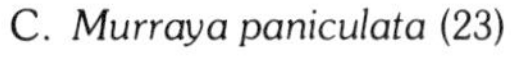

C. *Murraya paniculata* (23)

A. Le tronc principal de cet arbre cultivé dans le style des jumeaux a une large fissure probablement due à la perte de son sommet original ou encore à l'action de l'eau.
B. En dépit de la courte taille de ce sageretia à deux troncs, ce penjing paraît très vieux et fort à cause de l'épaisseur et de la conicité de son tronc.
C. L'étrange cicatrice qui parcourt ces troncs sur la hauteur est due à des forces naturelles. Il est extrêmement difficile de réussir la culture de murrayas paniculés sur des arbres cueillis à l'état sauvage car les chances de survie au moment de la transplantation sont très minces.

A. The main trunk of this twin-trunk tree has a large fissure along most of its length, due perhaps to the loss of its original apex or consequent water damage.
B. In spite of the shortness of this two-trunk hedge sageretia, this penjing appears to be a sturdy old tree because of the thickness and taper of the main trunk.
C. The curious scarring along the length of these trunks was caused by natural forces. Collecting an orange jasmine from the wild is very difficult because the success rate in transplanting is very low.

Murraya paniculata (21)

Cet arbre illustre magnifiquement l'essence du mot «bonsaï»: son tronc est presque complètement évidé, seuls quelques lambeaux de bois s'accrochant encore à son intérieur. Il est pourtant couvert d'une riche voûte de feuillage vert. En été, il s'orne de fleurs qui ressemblent aux fleurs d'oranger; leur parfum, qui rappelle celui du jasmin, est si prononcé que les Chinois l'appellent couramment «le parfum des neuf ou dix milles».

The hollowed remains of this orange jasmine trunk with a few paper-thin shreds of wood still clinging to its insides yet covered with a fine canopy of lush green leaves epitomizes the true essence of the word "bonsaï". In summer it is covered with white orange-like blossoms whose jasmine-like scent is so powerful that it is commonly called the nine-or-ten-mile fragrance by the Chinese.

A. *Ehretia microphylla* (33)
B. *Ehretia microphylla* (19)

A. Ce thé de Fukien miniature illustre l'étendue du talent de M. Wu et le grand éventail de sa collection qui comprend des spécimens allant de quelques pouces jusqu'à quatre pieds de longueur.

A. This miniature-sized Fukien tea shows the extent of Mr. Wu's talent and the wide scope of his collection, ranging from four-foot trees to bonsai barely inches long.

B. L'apparence forcée des arbres dans la forme en cascade avec leurs angles aigus et les changements abrupts d'orientation des lignes de leurs troncs, font de ce style le préféré des collectionneurs chinois. Les angles aigus de ce thé de Fukien sont un signe à la fois de grande robustesse et de sécurité.

B. The exaggerated appearance of a "cascade style" tree with its sharp angles and abrupt changes in the direction of the trunk line make this style a favourite of Chinese penjing growers. The acute angles of this Fukien tea are a sign of great strength and security.

Celtis sinensis (40)

On peut très bien comprendre, grâce à ce très vieux micocoulier de Chine, la méthode du «Laisser croître et tailler» de l'école Lingnan. Le tronc et les branches portent les marques de plusieurs années de taille méticuleuse. L'écorce pâle et grisâtre et le tronc évidé sont subtilement mis en valeur par l'assiette de marbre blanc.

The "Grow and Clip" technique practised by the Lingnan School is fully evident on this aged Chinese hackberry. The trunk and branches bear the marks of many years of meticulous pruning. The pale grayish bark and rotted trunk are subtly highlighted by the white marble container.

A. *Ehretia microphylla* (17)
C. *Ulmus parvifolia* (4)

B. *Glyptostrobus lineatus* (43)

A. Ce thé de Fukien à troncs jumeaux a été planté dans une assiette peu profonde qui fait contrepoids à la longue poussée verticale des troncs.
B. Le cyprès des marais de Chine ne croît que dans le sud de la Chine bien qu'il ressemble beaucoup au cyprès chauve du sud-est des États-Unis. Il foisonne dans les marécages du delta de la rivière Hsi-chiang près des rizières de Canton.
C. Cet orme de Chine est cultivé dans ce que les experts de l'école Lingnan appellent « le style du vieil arbre ».

A. This twin-trunk Fukien tea arrangement has been planted in a low pot which counterbalances the strong vertical thrust of the trunks.
B. The Chinese swamp cypress is indigenous only to southern China though it closely resembles the baldcypress found in south eastern United States. It grows extensively in the swamps of the Si-Kiang River delta, near the rice paddies of Canton.
C. This Chinese elm is an excellent example of the Lingnan School's "old tree style".

Araucaria sp. (30)

À Hong-Kong l'araucaria est communément appelé le sapin anglais car il y fut importé à l'origine par les colons britanniques. On n'en a jamais vu ailleurs que dans les milieux cultivés et les spécimens que l'on trouve dans les jardins anciens ont une apparence pleureuse.

In Hong Kong, the araucaria is commonly called the English fir because it was first imported by British colonists. It has never been seen outside cultivation and in old gardens it has a weeping appearance.

A. *Ehretia microphylla* (15)

B. *Podocarpus macrophyllus* (28)

C. *Ulmus parvifolia* (34)

A. M. Wu dit de ce thé de Fukien qu'il fait penser à un arbre qui pousserait sur les rives d'une rivière minée par l'érosion, ses racines sapées par le courant de l'eau.
B. Le podocarpe pose beaucoup de difficultés aux bonsaïstes de l'école Lingnan, car il croît lentement et ne peut developper de bourgeons sur du bois âgé. Cependant, à force de patience et de persévérance, M. Wu a réussi à créer ce magnifique pin bouddhiste dans le style vertical.
C. Cet orme de Chine fait penser à un orme qui aurait été planté au milieu d'un champ pour distribuer de l'ombre.

A. Mr. Wu says this Fukien tea evokes the image of a tree growing on an eroded river bank, its roots undermined by the flow of water.
B. Podocarpus is an extremely difficult subject for penjing growers of the Lingnan School because of its slow growth habit and its failure to set buds on old wood. Yet Mr. Wu has, through patience and perseverance succeeded in creating a fine upright style Buddhist pine.
C. When viewing this Chinese elm, one is reminded of a shady field elm.

Serissa foetida (44)

Inspiré par un vieux poème chinois reproduit dans la serre spécialement aménagée au Jardin botanique pour exposer les arbres qu'il avait offerts, M. Wu a demandé à son fils, M. Wu Po-Kung, de donner au Jardin ce merveilleux paysage de sérisses communs. Le poème figure à la page 87. L'impression de forêt aérée et de grande légèreté que dégagent ces innombrables sérisses, tous issus d'une même souche, traduit parfaitement l'esprit de ce poème.

Inspired by an ancient Chinese poem reproduced in the greenhouse dedicated to his honour at the Montréal Botanical Garden and in which his trees are displayed, Mr. Wu asked his son, Mr. Wu Po-Kung, to donate this beautiful common serissa planting. The poem appears on page 87. The airiness and feathery quality of these innumerable common serissa trunks all growing from a single stump capture perfectly the spirit of this poem.

Pyracantha crenulata (45)

Cette montagne rocailleuse qui plonge dans la mer est typique de la côte rocheuse du sud de la Chine. Des talles de pyracanthes, communément appelées buisson ardent, couvrent le rocher et offrent un magnifique coup d'oeil, l'automne, lorsqu'elles se couvrent de baies rouge vif.

This craggy mountain plunging into the sea is typical of the rocky coastline of southern China. Pyracantha or firethorn bushes cover the rock and provide a spectacular sight in the fall when they are covered with bright red berries.

Shanghaï à la croisée des chemins de Cathay et de la Chine moderne

Shanghai at the Crossroads of Ancient Cathay and Modern China

Ulmus parvifolia (110) — Orme de Chine / Chinese elm — 135 ans/years

INTRODUCTION

Des archéologues chinois qui, en 1972, effectuaient des fouilles dans la province de Shansi, découvrirent une tombe qui avait été construite en 706 ap. J.-C. pour le prince Zhang Huai, le fils de l'impératrice Wu Zetian de la dynastie des T'ang. Les peintures murales de ce tombeau illustrent le déroulement de la vie de la cour impériale. Sur deux de ces peintures, on peut observer des dames d'honneur, en costumes d'apparat, qui tiennent des pots de penjings contenant des rochers miniatures et des arbres fruitiers. Ces illustrations, qui datent de quelque 1200 ans, sont probablement les plus anciennes à témoigner de l'existence des penjings.

Invité à participer aux Floralies internationales de Montréal, en 1980, le Jardin botanique de Shanghaï y a présenté une collection de penjings de Chine. Bien qu'à cette époque cet art exotique fût encore peu connu du grand public montréalais, notre institution a constaté avec une vive satisfaction l'enthousiasme manifeste des visiteurs.

Afin de témoigner notre estime et notre gratitude pour l'amitié et la compréhension qui unissent les deux grands peuples de Chine et du Canada, et pour la collaboration chaleureuse et fructueuse qui existe entre les jardins botaniques de Montréal et de Shanghaï, nous avons décidé d'offrir les penjings de cette collection à la Ville de Montréal. Ce don avait aussi pour but de permettre aux Montréalais et aux autres visiteurs du Jardin de se familiariser avec cette forme d'art, et de contribuer à promouvoir, sur le plan horticole, le statut des fervents de l'art du bonsaï.

Wang Dajun, Premier conseiller
Jardin botanique de Shanghaï

Chinese archaeologists digging in Shanxi Province in 1972 unearthed an ancient tomb. It had been built in 706 A.D. for Prince Zhang Huai, son of Empress Wu Zetian of the Tang dynasty. The murals in the tomb portray life in the Chinese Imperial Court. Two of these paintings show ladies-in-waiting, in court attire, holding penjing pots with miniature rockeries and fruit trees. This is one of the oldest existing records of penjing, dating back 1200 years.

When the Shanghai Botanic Garden was invited to participate in the Floralies internationales held in Montréal in 1980, it presented a collection of Chinese penjing. Its representatives were very pleased to see that the public displayed such a keen interest in the Shanghai presentation, even though the penjing were such an exotic concept.

In order to express our appreciation and gratitude for the friendship and understanding between the two great peoples of China and Canada and to bond the close and fruitful cooperation between the botanical gardens in Montréal and Shanghai, we decided to offer the penjing from our display to the city of Montréal. We felt this would help Montrealers and visitors to the garden to become more familiar with this form of art and promote the horticultural status of bonsai enthusiasts.

Wang Dajun, Senior Advisor
Shanghai Botanic Garden

Sageretia thea (102)

Le sageretia est admirable pour la beauté de son écorce qui pèle en minces couches au printemps lorsque apparaissent les nouvelles feuilles. Les couches intérieures sont de couleur blanc craie et rougeâtre.

The hedge sageretia is admired for its beautiful bark which peels off in thin layers in the spring as new leaves appear. The under-layers are chalk-white and reddish in colour.

Le plus vieux bonsaï du monde fut découvert récemment par une équipe d'archéologues. Ce pin, encore vivant et âgé d'au moins 3600 ans, fut trouvé en Chine centrale, veillant sur la tombe du quatrième couple impérial de la dynastie des Shang. Mesurant 41 cm de hauteur, il avait été planté dans un vase en or massif, lui-même posé sur un socle en or de 75 cm de hauteur. Un système savamment conçu dans le toit de ce vaste tombeau laissait tomber directement sur le bonsaï une goutte d'eau par minute. Comme le pin était demeuré dans l'obscurité absolue pendant plus de trois millénaires et demi, il avait perdu toute sa chlorophylle; ses aiguilles tout comme ses épaisses racines étaient devenues aussi blanches que de la craie. Le dégouttement continuel de l'eau avait drainé la terre du pot et l'arbre ne reposait plus que sur la couche de diamants qui avait servi d'égouttoir. Cet arbre, qui est presque aussi âgé que les grandes pyramides d'Égypte, pourrait très bien se classer au rang des sept merveilles du monde naturel.

Archaeologists recently discovered the world's oldest living bonsai, dating back at least 3600 years. The potted pine was found in Central China, standing vigil over the tombs of the fourth emperor of the Shang dynasty and his queen. The 41-cm high tree stood in a solid gold pot which was itself set on a solid gold pedestal some 75 cm high. A fine dripper arrangement had been built into the stone roof of the tomb complex, allowing a single drop of water to fall onto the tree every single minute. The tree, in absolute darkness for more than three and a half milleniums, was chalk white, having lost all its chlorophyll. The continuous action of falling water had washed away all the soil in the pot leaving only the drainage layer of diamonds. The dense roots were as white as the pine needles. This tree, which is almost as old as the great Egyptian pyramids, might well be classified as one of the wonders of the natural world.

La Révolution culturelle chinoise des années 1960 causa de profonds bouleversements à l'art du penjing. Dans le pays qui avait été le berceau de cet art, de nombreux siècles auparavant, les autorités administratives déclarèrent le penjing un symbole de bourgeoisie et de décadence. La plupart des collections privées de bonsaïs furent détruites et les

The Cultural Revolution which wracked China during the late 1960s, profoundly disrupted the practice of penjing cultivation. In the very land where this art was born centuries ago, authorities declared penjing growing to be bourgeois and decadent. Most private bonsai collections were destroyed and the leading growers were exiled into the

A. *Podocarpus macrophyllus* (107)

B. *Pinus parviflora* (104)

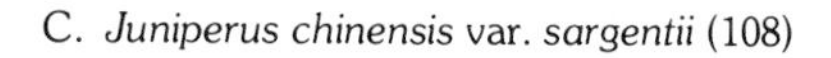

C. *Juniperus chinensis* var. *sargentii* (108)

A. Au tout début de la culture de ce pin bouddhiste, on a entraîné le tronc à former des courbes floues et gracieuses et ses racines ont été entourées autour de sa base. Les racines sont devenues partie intégrante du tronc.
B. Chaque printemps, ce pin blanc du Japon se recouvre de centaines de fleurs mais il atteint l'apogée de sa beauté à la fin de l'automne lorsque la première neige vient orner ses branches.
C. Les lignes fortes et irrégulières de ce genévrier de Sargent sont en contraste frappant avec ce pot d'allure très délicate.

A. Early in its training the trunk of this Buddhist pine was drawn into soft, flowing curves and its roots were wrapped around its base. The roots have become part of the trunk.
B. Every spring, this Japanese white pine is covered with hundreds of flowers and is especially beautiful in late fall as an early snow adorns its branches.
C. The strong, rugged lines of this Sargent juniper are oddly yet effectively contrasted by this delicate-looking pot.

Punica granatum 'Nana' (101)

Depuis l'Antiquité, le fruit du grenadier est un symbole de fécondité et de vie à cause de ses abondantes graines. Le grenadier est tellement considéré en Chine qu'il figure comme l'un des trois arbres fruitiers sacrés de ce pays. On l'utilise beaucoup dans la médecine traditionnelle.

Since ancient times, the fruit of the pomegranate has been the symbol of fecundity and life because of its abundant seeds. The Chinese value the pomegranate so highly that it is considered one of their three sacred fruit trees. It is widely used in traditional medicine.

grands maîtres de cet art exilés dans les campagnes pour y cultiver le riz. On ferma tous les jardins publics de penjings à l'exception d'un seul: le Jardin Longhua.

Le Jardin de penjings Longhua, une composante du Jardin botanique de Shanghaï, devint le conservatoire d'un héritage et d'une richesse qui ont failli être perdus à tout jamais. On y trouve aujourd'hui des arbres de tous les styles, représentant presque toutes les régions de Chine. Des milliers et des milliers de visiteurs viennent y admirer ces reliques vivantes du passé et des traditions depuis longtemps disparues.

Grâce à sa collection exceptionnelle, cette institution offre une chance unique de comprendre les différences entres les façons traditionnelles de cultiver les bonsaïs dans le nord et dans le sud du pays.

Dans le nord, astreint au formalisme de la cour impériale, l'art en général s'était développé à partir d'une approche très formelle. Dans le sud, au contraire, les nombreuses écoles qui s'étaient formées avaient fait naître un style beaucoup plus individuel.

Tout comme l'école de bonsaïs Lingnan puisa son inspiration dans les techniques de la très ancienne école de peinture Lingnan, au sud du pays, les bonsaïstes du nord furent influencés par les grands courants de l'art pictural de leur région. Le stylisme devint tel que l'on vit des penjings puiser dans le baroque et représenter, par exemple, des êtres de la mythologie et des animaux (éléphants, girafes, pieuvres, grues). On entraîna même certains arbres à prendre la forme de signes calligraphiques symbolisant la chance et la longévité. Même les spécimens les plus naturalistes de penjings du nord

countryside to grow rice. All public penjing gardens were closed but one.

The Longhua Penjing Garden, a part of the Shanghai Botanic Garden became the repository for a vast wealth and heritage all but lost. Today it includes trees in every style representing almost every region in China and thousands upon thousands visit the garden to admire these living relics of former times and traditions.

The Longhua Garden also offers one an exceptional opportunity to gain insight into the traditional differences between growing penjing in the North and South of China.

The North, constrained by the formal traditions of imperial court life, developed a very formal view of art in general, very different from the individualistic schools which emerged in the South.

Just as the Lingnan School of bonsai was deeply influenced by the painting techniques of the ancient Lingnan School of painters, northern penjing growers were inspired by paintings of the northern schools.

Penjing of northern China are very stylized and, in their most exaggerated form, display whimsical shapes depicting mythological creatures, animals (elephants, giraffes, octopus and cranes). A few trees even have their trunks and branches trained to resemble Chinese calligraphy symbolizing long life or good fortune.

Cryptomeria japonica var. *sinensis* (109)

Cette variété de cryptomérie de Chine, originaire du sud, a des habitudes de croissance beaucoup moins définies que son cousin japonais. Ses branchettes sont fines et ont une forme plus tombante. Les gracieuses branches pleureuses de ce paysage de trois arbres évoquent celles d'arbres adultes.

This variety of Chinese cedar which originates in southern China shows much looser growth habits than its Japanese cousin. Its branchlets are slenderer and more drooping in form. The graceful weeping branches of this three-tree grouping recall those of full-grown trees.

de la Chine accusaient des différences marquées par rapport aux arbres du sud du pays ou du Japon.

Les bonsaïstes chinois abordent tous de la même façon la culture d'un penjing. Ils choisissent un arbre dont les racines et le tronc sont à la fois intéressants et de bonnes dimensions; ils le transplantent avant de procéder à la taille initiale des branches et du tronc. C'est à ce stade que le processus diffère entre les deux écoles.

La longue saison de croissance qui caractérise les régions du sud, favorise un développement très rapide et vigoureux des arbres. Les experts du sud prolongent ce processus en laissant l'arbre continuer de pousser naturellement puis en taillant le tronc et les branches jusqu'à ce qu'ils commencent à prendre la forme désirée.

Les bonsaïstes du nord, par contre, ont plutôt tendance à concentrer leurs efforts sur des conifères et d'autres espèces dont le développement s'effectue beaucoup plus lentement. Ils orientent leurs préférences notamment vers le pin blanc et le pin noir, le genévrier et le cyprès. D'autres espèces sont aussi très populaires dans ces régions telles l'orme de Chine, le sageretia, le caragana de Chine, l'érable, le buis et le podocarpe (ou pin bouddhiste). On y cultive également la nandina (ou bambou céleste), le bambou commun, le gardénia, le houx de Chine, la glycine, le loropetalum, la pyracanthe (buisson ardent), le chalef, le lyciet de Chine, le cotonéastre, l'eurye et l'ardisie du Japon.

Dans le nord, le développement des arbres est entravé par une saison de croissance plus courte que dans le sud. De plus, la plupart des conifères ne forment pas de bourgeons sur du bois qui a déjà

But even more naturalistic specimens of northern penjing present marked differences from the southern trees and those of Japan.

Bonsai growers throughout China generally start off a penjing in the similar manner. A tree possessing a thick and beautiful trunk and roots is sought out in the wilds or is taken from a garden. Once located, this promising tree is dug up and the too-long trunk and branches are immediately pruned away. It is from this moment onwards in the training process that the northern and southern growers tend to part ways.

Because the species used in the South grow so vigorously and because the long growing season in the South of China permits trees to develop extremely rapidly, southern experts will continue the process by letting the tree grow wild and then cutting back the trunk and branches until a rough framework representing the desired shape is achieved. The northern grower, on the other hand, tends to concentrate his efforts on conifers and other slower-growing species.

The black and white pine, juniper and cypress are the favourite species. Other popular trees are the Chinese elm, hedge sageretia, Chinese peashrub, maple, boxwood, and yew podocarpus (or Buddhist pine). Other species include nandina (or heavenly bamboo), common bamboo, capejasmine (or gardenia), Chinese holly, wisteria, loropetalum, firethorn, euonymus (or spindle tree), Chinese wolfberry, cotoneasters, eurya, and Japanese ardisia.

The rapidity with which the northern grower can develop his trees is further slowed by the shorter

A. *Ulmus parvifolia* (112)

B. *Ulmus parvifolia* (116)

C. *Ulmus parvifolia* (115)

A. Les lignes fortes et anguleuses de cet orme de Chine sont savamment mises en relief par les masses de feuillage arrondies disposées par étages.
B. Les lignes horizontales très marquées de cet orme de Chine lui donnent un air animé et dramatique en dépit de sa petite taille.
C. Les deux troncs qui s'harmonisent parfaitement et les branches symétriques confèrent à cet orme de Chine une apparence gracieuse et bien équilibrée. Les courbes floues et alternatives ont été orientées par l'utilisation de fils de métal pendant plusieurs années.

A. The strong angular lines of this Chinese elm trunk are well accentuated by the tiers of rounded foliage masses.
B. The strongly horizontal lines of this Chinese elm lend it a lively and dramatic air in spite of its small size.
C. The harmonious twin trunks and symmetrical branches give this compact Chinese elm a balanced, graceful appearance. The soft, rhythmical lines of the branches were created with the use of wiring over a period of many years.

atteint une certaine maturité, ce qui élimine la possibilité de procéder à une taille draconienne. L'approche de Shanghaï ressemble donc davantage à celle du Japon. Lorsqu'un arbre a atteint la forme désirée, soit par la ligature soit par la taille du tronc, on procède à une taille répétée ou à la ligature des branches secondaires pour les amener à prendre des formes intéressantes.

L'origine de l'utilisation des fils de métal remonte, en Chine, au XVIIIe siècle. Les bonsaïstes commencèrent alors à enrouler des bandes de plomb autour du tronc et des branches de leurs arbres. Bien avant cette époque, on utilisait d'autres techniques de taille. Par exemple, on tressait souvent de la fibre de palmier autour des troncs et des branches, méthode qui est parfois encore utilisée à Su-chou, Hang-chou et Ch'eng-tu.

Il était également possible d'abaisser les branches au moyen de poids de plomb ou de les attacher avec des cordes. On pouvait aussi donner aux troncs des courbes et des angles grotesques en utilisant la «méthode de la corde et du bâton». Dans ce cas, l'arbre était enroulé autour d'un bâton principal et de baguettes accessoires tandis que des cordes le retenaient fermement en place jusqu'à ce que le tronc épouse la position désirée.

Les bonsaïstes de Shanghaï ont aussi perfectionné de nombreuses techniques pour modifier l'apparence des penjings. Ils ont souvent recours, entre autres, à la greffe ainsi qu'à la sculpture des troncs. Le Jardin botanique de Shanghaï a donné au Jardin botanique de Montréal un orme chinois qui ressemble à une tête d'éléphant. Une telle fantaisie de forme a été rendue possible grâce à la combinaison des deux techniques dont nous venons de parler. Parmi les effets visuels typiques aux penjings de Shanghaï, les plus spectaculaires sont

growing season. Most conifers, moreover, will not develop buds on old wood, making drastic pruning undesirable. The northern approach therefore tends to be much closer to the Japanese methods. Once a tree's desired form has been established, either by wiring or by pruning back on the old stump, secondary branches are constantly pinched back or mechanically trained or wired into interesting shapes.

This technique of wiring trees first became popular in China towards the end of the 18th century. Penjing growers first began using strips of lead twisted around the trunks and branches. Many other techniques for styling trees were used long before this time. Palm fibre was often plaited around trunks and branches and is still in use today in such areas as Suzhou, Yangzhou and Chengdu. Branches were lowered using lead weights or were tied down with string. Trunks were often given grotesque curves and angles using the "string and stick method". In this case, the tree was wrapped around a main stake and subsidiary stakes while string held the tree firmly in place until the trunk adopted the desired position.

Shanghai growers have also perfected numerous techniques for altering the appearance of penjing. Grafting is widely used as well as carving out of trunks. The Montréal Botanical Garden possesses a Chinese elm which resembles an elephant's head donated by the Shanghai Botanic Garden. This effect was achieved using both of the aforementioned techniques.

Perhaps the most spectacular visual effects of many Shanghai penjing is their huge, rotted out, hollowed, whitened trunks.

Pinus thunbergiana (105)

Ce style en cascade d'où émerge un second sommet a été nommé par les Chinois «Nuage de brumaille s'élevant des chutes». Les courbes gracieuses de la branche en cascade de ce pin noir du Japon évoquent aussi un vigoureux torrent.

This style of cascade planting which features a secondary apex or head is termed "The Mist Rising from the Waterfall" by the Chinese. The flowing curves of the cascading branch in this Japanese black pine are also suggestive of a rugged mountain stream.

peut-être les formidables troncs vides blanchis par le temps.

L'artiste Chieh Tsu Yüan Hua Chuan, qui vécut au XVIIe siècle, décrivait ainsi les bonsaïs: « Ils sont à l'image des ermites, les immortels de la vie, retirés du monde, eux dont la pureté transparaît d'elle-même, décharnés et déformés par l'âge avec leurs os et leurs tendons proéminents ».

Même les masses de feuillage sont traitées de façon différente dans le nord et dans le sud de la Chine ou au Japon. Alors qu'au Japon on conserve davantage de masses de feuillage pour forger une expression empreinte de naturel, dans le nord de la Chine les branches jouent un rôle relativement mineur; seules celles qui mettent en relief les plus beaux aspects de l'arbre sont considérées comme indispensables. On peut donc dire que les artistes de Shanghaï ne se plient à aucune règle spécifique au sujet du design et que la forme de leurs arbres n'est pas conçue à partir de la règle du triangle, classique à l'art du bonsaï, selon laquelle il faut grouper tous les éléments dans un espace donné.

Les arbres du nord conservent également beaucoup plus de rameaux que ceux cultivés d'après la méthode Lingnan. Le style « en nuage » illustre bien cette différence. Pour arriver à créer l'effet de nuage, les bonsaïstes laissent pousser beaucoup de branchettes, d'une façon compacte, et mettent en relief des faîtes plats et des contours arrondis, selon le besoin. Cette façon de faire est en contradiction flagrante avec les règles du style japonais qui rejettent l'utilisation de branches non horizontales. À Shanghaï, on laisse croître les branches dans n'importe quelle direction en fonction des espaces à combler.

Seventeenth century artist Chieh Tsu Yüan Hua Chuan described bonsai thus: "They are like hermits, the immortals of life, withdrawn from the world, whose purity shows in their appearance, lean and gnarled with age, their bones and tendons protruding."

Foliage masses are also treated very differently by northern penjing growers from those of the South or of Japan.

Branches generally play a minor role in the Shanghai trees. Whereas in Japan there are more foliage masses to reflect the Japanese image of naturalness, the Shanghai branches exist only to set off the more beautiful aspects of the tree; as such, they do not follow any given set of rules governing the general design. It may, in fact, be said that Shanghai trees do not follow the generally accepted bonsai rule of the triangle, which states that all elements must be included within a certain space.

The northern trees also display much more fine branching than do the penjing of the Lingnan School. The "cloud style" is a case in point. In order to create this cloud effect, growers allow this fine branching to grow very compact and display flat tops or rounded contours as the need arises. This clearly goes against the Japanese styling rules which ban the use of non-horizontal branches. In the Shanghai trees, branches are allowed to grow in any direction required to fill the space.

Often unusual branchouts are maintained to highlight bizarre or grotesque aspects. They may also be used to accentuate the ancient appearance of

Ulmus parvifolia (111)

Pour les collectionneurs chinois, le style n'est pas le seul élément à symbole; l'ordre et la position des arbres sont aussi significatifs. Dans cet agencement d'ormes de Chine, le jeune arbre est planté à l'avant-plan. On appelle cette disposition «Hsieh Yu» ou «guidant le jeune par la main». Si le plus jeune arbre avait été planté derrière, on aurait désigné le paysage sous le nom de «Fu Lao» ou «transportant l'aîné sur son dos».

For Chinese growers, it is not only the style of a tree which is symbolic, but also the order and position in which trees are planted. In this arrangement of Chinese elm, the young tree was planted in front. It is called "Hsieh Yu", or "leading the young by the hand". Had the young tree been set behind, it would have been called "Fu Lao" or "carrying the old on the back".

Par ailleurs, on conserve souvent des excroissances pour mettre en évidence certains aspects bizarres ou grotesques d'un arbre, ou encore pour en accentuer l'apparence d'âge. On peut intensifier davantage l'illusion du travail du temps en ajoutant du lichen, élément qui symbolise la barbe grisonnante du vieillard. Il est également possible de créer un effet de chancre en incorporant au paysage des éléments de moisissure. Les collectionneurs recherchent même des arbres cariés qu'ils pourront cultiver en penjings.

La collection du Jardin botanique de Montréal comprend de merveilleux spécimens de bonsaïs offerts par le Jardin botanique de Shanghaï et présentés aux Floralies internationales de 1980. Il est d'ailleurs la seule institution importante à avoir reçu du Jardin botanique de Shanghaï un don d'une telle valeur.

C'est donc grâce à cet heureux concours de circonstances que plusieurs des plus beaux penjings cultivés dans le style de Shanghaï sont exposés au Jardin botanique de Montréal, soit dans le Jardin japonais, soit dans le Jardin céleste.

the trees. Other elements used to create the appearance of an ancient tree may include lichen and rot. Growers even search out rotting trees to train as penjing; the lichen is said to represent the old man's grey beard.

The Montréal Botanical Garden's collection includes magnificent specimens donated by the Shanghai Botanic Garden and displayed at the 1980 Floralies internationales. It is the only major institution to receive a donation of this magnitude from the Shanghai Garden.

That is why many of the finest penjing in the Shanghai style are now on display in the Montréal Botanical Garden's Exterior Bonsai and Penjing Garden and in the "Garden of Weedlessness".

Ginkgo biloba (100)

En Orient, l'arbre aux quarante écus est sacré et on le plante dans les temples. En Chine, on l'appelle aussi « Ya chiao Tzù » ou « pied de canard » à cause de la forme et de la couleur de ses feuilles qui empruntent des tons dorés à l'automne. On peut aussi le nommer « Yin hsing » ou « abricot argenté » et « Pai kuo » ou « fruit blanc ».

In the Orient, the ginkgo or maidenhair tree is regarded as sacred and is planted in temples. In China, it is also called "Ya chiao tzù" or "duck foot" in reference to the shape and colour of the leaves which turn golden in autumn. It may also be called "Yin hsing" or "silver apricot" and "Pai kuo" or "white fruit".

A. *Buxus microphylla* var. *sinica* (120)

B. *Buxus microphylla* var. *sinica* (121)

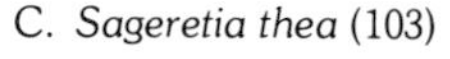

C. *Sageretia thea* (103)

A. Ce buis de Chine à la forme inclinée faisait originalement partie d'un plus gros tronc qui fut fendu au milieu. La section exposée a été picotée pour lui donner une allure plus personnalisée et on l'a carbonisée pour la préserver.
B. L'élégance des courbes ajoutée à la blancheur du tronc et des branches de ce buis de Chine le font ressembler à une jeune nymphe de la forêt dotée d'une grande sensualité.
C. Ce sageretia dont la base du tronc est évidée porte les signes révélateurs de plusieurs années d'inondation et d'érosion.

A. This slanting Chinese boxwood was originally part of a much larger trunk which was split down the middle. The exposed section was pockmarked to give it a more interesting appearance and was carbonized to preserve it.
B. The smooth curves and whiteness of this Chinese boxwood's trunk and branches can be compared to a sensual young wood nymph.
C. The corroded trunk base of this hedge sageretia shows the telltale signs of many years of flooding and erosion.

Ulmus parvifolia (113)

Cet orme de Chine a été creusé, sculpté et greffé pour ressembler à une tête d'éléphant. Chaque trait est reproduit dans le plus parfait détail, à partir du tronc soulevé et des défenses jusqu'aux oreilles représentées par de petits arbres et des racines fixées au-dessus de la tête. L'éléphant est un animal sacré dans plusieurs religions orientales. Il est particulièrement vénéré par les bouddhistes.

This Chinese elm has been hollowed, sculpted and grafted to resemble an elephant's head. Every feature is rendered in perfect detail, from the upraised trunk and twin tusks to the ears, represented by the small trees and roots arranged over the head. The elephant is a sacred animal in many eastern religions and it is especially revered by Buddhists.

A. Ce paysage illustrant des montagnes lointaines a été taillé dans des pierres de Haimu que l'on trouve dans les eaux peu profondes, le long des côtes. Ces pierres sont formées de dépôts de coquillages et d'autres organismes marins.

A. This scene portraying distant mountains is shaped from Haimu rocks which are found in shallow coastal waters and which are formed by deposits of shells and other sea organisms.

A. *Paysage de Chine* / *Chinese landscape* (138)
B. *Paysage de Chine* / *Chinese landscape* (137)

B. Cette montagne rocheuse avec ses nombreuses petites baies est formée d'axinite. Un minuscule pin blanc du Japon tombe en cascade le long de sa falaise.

B. This rocky mountain replete with sheltering coves and bays is formed of axinite. A small Japanese white pine cascades down its sheer face.

Paysage de Chine / Chinese landscape (136)

Cette scène typiquement chinoise représente de hautes falaises qui entourent une étendue d'eau. Ces rochers sont sculptés dans des pierres d'axinite et on y a planté du genévrier de Sargent et du bambou nain.

This typical Chinese scene represents lofty cliffs hemming in a watery vista. The rocks are sculpted of axinite rock and planted with Sargent junipers and dwarf bamboo.

A

B

C

D

E

Miniatures de Shanghaï / Shanghai miniatures

A. *Prunus persica* var. *densa*
Pêcher / Flowering peach

B. *Acer palmatum*
Érable du Japon (plantation à trois arbres) / Three-tree planting of Japanese maple

C. *Podocarpus macrophyllus*
Podocarpe de Chine / Buddhist pine

D. *Ulmus parvifolia*
Orme de Chine / Chinese elm

E. *Sageretia thea*
Sageretia / Hedge sageretia

La taille des penjings de Chine peut varier de quelques pouces jusqu'à vingt pieds. Cet étalage fait partie de la collection de plus de 250 penjings miniatures données au Jardin botanique de Montréal par le Jardin botanique de Shanghaï à l'occasion des Floralies internationales de 1980.

Chinese penjing may range in height from a few inches to over twenty feet. This display is part of the collection of more than 250 miniature penjing donated to the Montréal Botanical Garden by Shanghai Botanic Garden during the Floralies internationales in 1980.

Le Jardin céleste

The Garden of Weedlessness

Le Jardin céleste / The Garden of Weedlessness

«Assis seul, à l'écart, au milieu des bambous,
Je joue de la cithare et siffle à l'infini.
Dans la forêt profonde où les hommes m'oublient,
Seul un rayon de lune est venu m'éclairer.»

Wang Wei
Dynastie T'ang (618-907)

«I sit alone among dark bamboo
I strum the lute and unloose my voice.
Grove so deep no one knows,
The moon comes to shine upon me.»

Wang Wei
Tang Dynasty (618-907)

La création de jardins, considérée en Chine comme un art, était autrefois réservée aux poètes, aux hommes de lettres et aux moines. Le jardin sera source de beauté, à la condition que son créateur ait une âme de peintre car l'essence même de cette expression visuelle est extraite de l'art pictural.

C'est pourquoi le concept d'un tel agencement ne s'appuie sur aucune formule rigide ou logique qui risquerait d'entraver la liberté d'esprit de celui qui le contemple. Il puise plutôt aux sources profondes du symbolisme pour exprimer, dans la simplicité, les valeurs profondes que le promeneur aspire à retrouver en un tel lieu. Ainsi «un jardin qui enchante, charme, inspire et ravit ses visiteurs est en lui-même un peu nature et paradis sur terre, dans lequel le sage, se promenant au hasard, contemple le Bon, la Vérité, le Magnifique et l'Infini».

C'est là que le visiteur viendra oublier ses peines et cultiver ses idéaux. C'est là qu'il découvrira, par un retour au monde de l'enfance, son moi véritable. Un tel jardin se veut le théâtre privilégié des errements nostalgiques de l'homme, de la recherche de sa spiritualité et de la perfection de son être profond.

Il faut pénétrer dans un jardin chinois en «compagnon de la nature», pour participer à la vie des montagnes et des rivières, sources de joie et de

The designing of gardens, elevated to an artform in China, was once reserved to poets, scholars and monks. To successfully create a garden of beauty, the designer must possess above all the sensitivity of a painter, for the visual expression of a garden was born of the art of painting.

For this reason, the basic concept of Chinese gardens does not rest on any rigid or logical formula which would restrict freedom-of-thought of the beholder. Rather, the design has its sources deep in symbolism, to express the profound values one wants from such a place. It becomes "a garden to delight, charm, inspire and please the visitor, a bit of nature, an earthly paradise, wherein the man of understanding wanders to contemplate Goodness, Truth, Beauty and the Infinite."

It is within the garden that man can forget his sorrows and sow the seed of his ideals. Within this childhood realm, he discovers his true self. A garden then becomes the perfect scene for man to wander through nostalgia in search of his spirituality and the perfection of this innermost existence.

One must enter a Chinese garden as a companion of nature, to take delight in mountains and streams, sources of joy and peace. Rhythm, the universal principle of the harmony between man and nature, between the Yin and the Yang, the encounter of

paix. Le rythme, important dans un tel environnement, se crée par l'harmonie entre l'homme et la nature, entre le Yin et le Yang, ou la rencontre des forces négatives et positives de l'univers. Il constitue, dans la philosophie orientale, la valeur suprême, la « quintessence de la vérité, de la beauté, de la bonté, qui se situe dans les plus hautes sphères de l'existence ».

Dans le Jardin céleste qui abrite les penjings de Hong-Kong et de Shanghaï, l'alternance entre le principe actif et passif de l'univers s'exprime, entre autres, par la robustesse des collines et le calme des étangs, la froideur de la pierre et la chaleur communicative du bois. La symétrie y est absente car elle entraverait le libre retour des âmes aux racines lointaines du monde. Au contraire, les sentiers sinueux, qui réservent des perspectives insoupçonnées, et les lignes arrondies qui ont été préférées à des angles trop découpés, favorisent l'évasion intérieure. La porte a la forme de la pleine lune et les fenêtres évoquent le lotus, le pin, l'abricotier ou le bambou. Ces ouvertures, empreintes des vertus de l'Orient, transportent le visiteur dans le grand univers des symboles et ajoutent au caractère sacré de ce lieu leurs promesses de droiture, d'endurance, de perfection, de paix, de sécurité.

Parmi tous ces éléments, qui se complètent et s'opposent à la fois, les îlots de penjings s'imposent par leur beauté, la noblesse de leur âge, l'équilibre de leurs formes. En les contemplant, on remonte l'histoire, on devine la vie de chacun de ces paysages, grands et minuscules, poèmes vivants, témoins silencieux de la beauté universelle. Comme il n'est possible de le faire que devant les véritables oeuvres d'art.

negative and positive forces in the universe, is vital to such an environment. This rhythm is the "highest of all conceivable values, the quintessence of Truth, Beauty, and Goodness of the highest levels of existence."

Housing the penjing of Hong Kong and Shanghai, the Garden of Weedlessness offers this alternating principle of activity and passivity within the universe, expressed by the strength of the hillocks, the calm of the ponds, the coldness of stone and the contagious warmth of wood. There is no symmetry which would restrict the visitor's freedom to return to his spiritual essence within the universe. Quite the contrary, the winding paths offer unexpected points of view and soft rounded forms were chosen over harsh angles, favouring spiritual evasion. The moon door and sculpted windows depicting the lotus, the pine, the apricot and bamboo, elevate the visitor to a higher plane of symbolism and add the promise of righteousness, endurance, perfection, peace and security to the sacred character of the garden.

Amid these complementing yet opposing elements, islands of penjing offer their beauty, the nobility of their age, and the equilibrium of their forces. In admiring them, one travels back through history, catches a glimpse of the lives of these landscapes, great and small, living poems bearing silent witness to universal beauty. This occurence is rare, and only happens when one contemplates a true work of art.

Les bonsaïs du Japon : fragile beauté et courbes gracieuses

The Bonsai of Japan: Fragile Beauty and Grace

Pinus parviflora (400) — Pin blanc du Japon / Japanese white pine — 90 ans / years

INTRODUCTION

Permettez-moi d'abord de vous féliciter pour cette publication qui traite de votre collection d'arbres miniatures. Je me sens très honoré que ce document fasse mention des collections de bonsaïs et d'azalées offertes par le Japon.

La culture du bonsaï se pratique depuis environ mille ans et on la reconnaît aujourd'hui comme un art. Pour pratiquer cet art, il faut avoir deux grandes dimensions de coeur : l'une qui aime la nature et l'autre qui recherche la beauté naturelle. Heureusement, ces deux dispositions existent chez les gens du monde entier, malgré les différences de langues et de cultures.

On peut certainement dire, sans exagérer, que le bonsaï a pris racine comme art universel. Le coeur qui aime profondément le bonsaï respecte la vie et les valeurs de tranquillité qui se dégagent du monde de la nature.

En résumé, la pratique de l'art du bonsaï constitue un lien constant entre ceux qui recherchent la beauté et la paix qui émanent de la nature.

Je souhaite que votre Jardin botanique, qui émerveille tant de visiteurs, connaisse un succès continue et je prie pour qu'il jouisse d'un avenir des plus prospères.

Saburo Kato
Directeur général
Association nippone du bonsaï
Tokyo

I would like to take this opportunity to congratulate you on the publication of your collection.

I am very honoured that it includes the bonsai and azalea which were donated from Japan.

Bonsai has been practised for around a thousand years and is today recognized as an art. Its practice demands two hearts: a heart that loves nature and a heart that seeks natural beauty. Happily, these two dispositions are found in people around the world, despite differences in language and culture. Indeed, it is no exaggeration to say that bonsai has taken root as the universal art. The heart that loves bonsai respects life and values the tranquility of the natural world.

In short, the practice of bonsai acts as a common bond for those seeking the beauty and peacefulness inherent in nature.

I wish your botanical garden, which gives such great pleasure to so many, continued success, and pray for its future growth and development.

Saburo Kato
Representative director
Nippon Bonsaï Association
Tokyo

Acer buergerianum (405)

Cet érable trilobé a un aspect de robustesse à cause de son tronc puissant et de ses grosses racines qui forment un arc-boutant. Pour accentuer cet air de stabilité et de force, on a greffé à la base du tronc de l'arbre douze racines supplémentaires qui étaient, en réalité, douze petits arbres.

This trident maple presents a powerful image due to its mighty trunk and strong buttressing roots. In order to accentuate the look of stability and strength, twelve additional roots which were small trees were grafted around the base of the trunk.

L'histoire suivante, qui fait référence au plus grand bonsaïste du Japon, a été racontée par Mlle Lynn Perry. Cette dernière a été l'élève de M. Kyuzo Murata au cours des années 1940, et l'une des premières personnes américaines à étudier l'art du bonsaï avec un maître japonais. Au fil de ces années d'étude, le maître et l'élève développèrent une solide amitié. Une fin d'après-midi, sa journée de travail terminée, Mlle Perry s'apprêtait à rentrer chez elle lorsque M. Murata la pria de rester avec lui à la pépinière. Cette nuit-là, lui expliqua-t-il, le joyau de sa collection, un pin plusieurs fois centenaire, allait mourir. Mlle Perry avait du mal à croire que quiconque puisse prédire le moment exact de la mort d'un arbre, surtout d'un arbre qui lui paraissait en parfaite santé. Ils prirent place devant le pin et le veillèrent jusqu'à deux heures du matin. M. Murata se leva alors et dit : « Vous pouvez partir maintenant, mon arbre est mort ». À partir de cet instant, l'arbre ne montra plus aucun signe de vie. M. Murata avait une telle connaissance de la nature et du cycle de vie de ses bonsaïs qu'il pouvait sentir venir le moment de leur mort. Pour vivre une relation d'harmonie aussi étroite avec un arbre et avec la nature elle-même, il faut nécessairement être un grand maître de l'art du bonsaï.

The following touching story about Japan's foremost bonsai expert is recounted by Lynn Perry, Kyuzo Murata's former pupil, and one of the first Americans ever to study under a Japanese bonsai master. During the time Miss Perry studied under Mr. Murata, there developed a very close master-pupil relationship. Late one afternoon, Miss Perry was preparing to return to her quarters when Mr. Murata asked her to stay with him at his nursery. That night, Mr. Murata said, his prize tree, a pine tree several hundred years old, would die. Miss Perry could hardly believe anyone could predict the exact time a tree could die, especially a tree that looked so healthy. They stood watch in silence over the tree until around 2 a.m. when Mr. Murata rose and said "You may leave now, my tree has died." From that moment on, no sign of life ever appeared in the tree again. Mr. Murata understood so much about nature and the life cycle of his trees that he could detect the process of dying within his plants. To be in such perfect harmony with a tree and with nature itself is surely the sign of a great bonsai master.

Les oeuvres d'art peuvent facilement franchir les frontières mais pour qu'un art prenne racine dans

Works of art are easily transported across international boundaries, but for an art to find a home in a

un nouveau pays, pour qu'il s'y développe et s'y propage, il est essentiel qu'il réussisse à faire vibrer le coeur de ses habitants. Pour que le phénomène bonsaï germe et fleurisse au pays du Soleil levant, il fallait que les Japonais portent en eux la semence qui permettrait d'élever la technique au niveau de l'art, de transformer la fascination en amour et l'intérêt en inspiration.

La culture du bonsaï, introduite au Japon vers le XIVe siècle, y trouva un terrain favorable. Le peuple japonais était déjà animé d'un grand amour et d'un profond respect de la nature dans toutes ses permutations. Les étranges petits arbres apportés de Chine, cicatrisés et blanchis qu'ils étaient à force d'avoir lutté pour survivre, représentaient pour les Japonais la nature dans toute sa liberté. Depuis lors, on en vint à considérer les bonsaïs comme issus de l'essence même du Japon puisque l'on peut si étroitement les associer à la culture de ce pays.

L'un des grands maîtres japonais, M. Kyuzo Murata, disait de l'art du bonsaï qu'il « s'est développé au Japon alors que ce pays pouvait offrir quatre saisons, de l'eau claire et de l'air pur, une histoire vieille de 1500 ans et de nombreuses coutumes et traditions aussi anciennes qu'immuables ».

Les Japonais vénérèrent avant tout l'apparence de fragilité et la force indomptable du bonsaï. Pendant plusieurs siècles, cette forme d'art fut néanmoins une chasse gardée des classes dirigeantes. Les arbres nains étaient cultivés bien à l'abri derrière de hauts murs de pierre et les conventions strictes de la vie de la cour impériale faisaient en sorte qu'ils se développent conformément à leurs origines chinoises. Ces premiers bonsaïs furent donc cultivés dans de grands contenants aux couleurs vives et on leur fit adopter des formes exagérées et fantaisistes.

new country, to progress, to develop, it must strike a chord in the hearts of the people. The seed which can turn technique into art, fascination into love, interest into inspiration must already exist within the people for a phenomenon like the Japanese bonsai to flourish.

Bonsai growing first made its way into Japan near the beginning of the 14th century where it fell onto fertile ground. The Japanese had already acquired a profound love and respect for nature in all its permutations. These curious little trees first imported from China came to represent untramelled nature itself, scarred and whitened as they were from their constant struggle for survival. Bonsai have since come to represent the very essence of Japan, so closely have they been identified with its culture.

Master bonsai grower, Kyuzo Murata has written that the art of bonsai grew and developed in Japan "when there were four seasons, clear water and clean air, all over the country, a 1500-year-old history, and many old but unchanging traditions and customs."

When the bonsai was first introduced to Japan, it was revered for its appearance of delicate fragility and indomitable strength. During many centuries, this art-form was the exclusive preserve of the ruling classes. Cultivated behind high stone walls, the rigid conventions of court life assured that bonsai remained true to their Chinese origins.

Bonsai were first trained into exaggerated and fanciful shapes and grown in large, colourful pots.

A. *Pinus thunbergiana* var. *corticosa* (404)
C. *Pinus thunbergiana* var. *corticosa* (402)

B. *Pinus thunbergiana* var. *corticosa* (403)

Ces « Nishiki » ou pins noirs du Japon appelés « brocards » ont une écorce extrêmement épaisse et liégeuse. On dit qu'ils proviennent de mutations génétiques. Les premiers cultivars de cette espèce furent trouvés en 1894 près de la mer intérieure de Seto. Ces mutants horticoles furent cueillis avec empressement au début de la période Meiji et on n'en trouve plus à l'état sauvage. On les reproduit de nos jours en procédant à des greffes sur des troncs de pins noirs japonais.

These "Nishiki" or "brocade" Japanese black pine display extraordinarily thick and corky barks and are said to be genetic mutations. The original cultivars were first located in 1894 near the Seto Inland Sea. These horticultural mutants were avidly collected during the early Meiji period and no longer exist in the wild. These unusual cultivars are now reproduced by grafting onto Japanese black pine stock.

Fagus crenata (407)

Le hêtre du Japon est très recherché dans ce pays pour son écorce blanc argenté et lisse, ses petits bourgeons pointus et l'habitude qu'il a de conserver ses feuilles mortes pendant tout l'hiver. La musique des feuilles sèches vibrant dans le vent est très lyrique. On admire l'élégance et l'aspect aéré de ce paysage de forêt d'une grande simplicité.

The Japanese beech is highly prized for its smooth silvery-white bark, small pointed buds and its habit of retaining its dead leaves throughout the winter months. The music of the dried leaves rattling in the wind is especially lyrical. This informal forest planting is noted for its elegance and airiness.

Acer buergerianum (406)

Cette forêt d'érables trilobés, de forme classique, ne manque jamais de susciter des exclamations d'étonnement de tous ceux qui la regardent. Sa beauté atteint son paroxisme à l'automne, lorsque ses feuilles se teintent de diverses nuances d'orangé et d'or. Les bonsaïs cultivés dans la forme forestière se divisent en deux catégories. Dans la vue panoramique, le plus gros arbre occupe l'avant-plan du paysage et les plus petits arbres sont groupés vers le fond et les côtés pour créer une impression de profondeur. Dans le gros plan, c'est l'inverse: l'arbre majeur se situe vers l'arrière du paysage.

This classic-style trident maple forest never fails to elicit gasps of amazement from all who see it. It is especially lovely in autumn when its leaves change to various hues of orange and gold. Forest-style bonsai are divided into two main categories. The panoramic view has the largest tree placed toward the front and smaller trees are grouped around the back and edges to give a greater sense of depth. The close-up view is exactly the opposite, with the large tree set further back.

L'arrivée, en 1853, du commodore américain Matthew Calbraith Perry signifia pour le Japon une ouverture à la démocratie ce qui modifia en profondeur la façon de vivre de son peuple. En 1893, l'empereur Meiji-Tennô, alarmé par la modernisation rapide de son pays et désireux de réaffirmer la suprématie des valeurs traditionnelles, déclara le bonsaï un art national. Ce passe-temps gagna ainsi la faveur de la population, ce qui provoqua une demande sans précédent d'arbres nains.

Il devint de plus en plus difficile de trouver de bons spécimens à l'état sauvage. Les pépiniéristes eurent donc recours à des procédés artificiels pour créer une illusion d'âge avancé sur de jeunes arbres ou plantes cultivés en pépinière. C'est ainsi que, en dépit de sa grande ancienneté, l'art du bonsaï dans sa forme japonaise que nous connaissons aujourd'hui est relativement jeune. Ce n'est, en effet que vers le début du XXe siècle, que fut inaugurée dans ce pays la méthode qui consiste à plier les arbres et à les recouvrir de fils de cuivre afin d'en diriger spécifiquement la forme. Il en est ainsi de l'utilisation d'assiettes peu profondes que l'on associe aujourd'hui aux bonsaïs japonais. Même les styles strictement codifiés qui régissent la culture des bonsaïs constituent un phénomène relativement nouveau.

Cette codification comprend cinq styles de base : la forme verticale, semi-verticale, le style incliné, en cascade et en semi-cascade. Les bonsaïs sont ensuite classifiés selon leur taille, le nombre de troncs issus d'une même souche, le nombre d'arbres autonomes réunis dans un même pot, etc. La classification par taille illustre clairement la rigidité des normes japonaises : un bonsaï peut ainsi mesurer 5 cm ou moins (on peut alors le tenir sur le bout de son doigt) ou atteindre jusqu'à 120 cm. Seuls les

The arrival in 1853, of Commodore Matthew Calbraith Perry's gunboats in Tokyo harbour signalled the dawn of a new democratic era and changed every aspect of Japanese life. In 1893, Emperor Meiji Tennô, alarmed at the rapid modernization of his country, and wishing to reaffirm traditional values, declared bonsai to be a national art. The sudden surge in popularity of this art, due to the emperor's support caused unprecedented public demand for dwarfed trees.

Due to the shortage of good collected material, Japanese nurserymen resorted to using various shortcuts to create the look of great old age using young, nursery-grown trees and shrubs. So it is that, in spite of its great antiquity, the Japanese art of bonsai, as we know it today, is relatively new. It is only at the beginning of the 20th century that the practice of wrapping and bending trees with copper wire in order to achieve a desired shape came into vogue. So too the use of shallow pots that today are associated with Japanese bonsai. Even the rigidly codified styles in which bonsai are grown are a recent innovation.

This codification includes five basic styles: vertical or upright, semi-upright, slanting, semi-cascade and cascade. However, bonsai are further classified according to size, number of trunks stemming from a single stump, number of different trees within a pot, etc. The classification by size is a clear example of the rigidity of Japanese rules; these range from the fingertip-size bonsai (up to 5 cm) to a very large size (120 cm). Only the bonsai belonging to the Japanese emperor surpass this last height. Some of the trees found in the Imperial Palace may attain eight feet and retain traces of their ancient Chinese style.

Pinus parviflora (401)

La base de cet arbre en semi-cascade qui arbore un air de vigueur et de puissance est en réalité un pin noir du Japon alors que la partie supérieure est un pin blanc du Japon. Il arrive souvent que des pins blancs ou pins à cinq aiguilles soient greffés à des pins noirs ou pins à deux aiguilles. On recourt à cette tactique parce que le pin noir, qui croît rapidement et avec vigueur, se prête très bien à la culture dans des pots. On dit, d'autre part, que les pins à cinq aiguilles ainsi greffés ont moins tendance à jaunir et à perdre leurs aiguilles.

The rugged, powerful-looking base of this semi-cascade style tree is actually a Japanese black pine while the upper portion is a Japanese white pine. White pine or five-needle pine are very often grafted onto black pine or two-needle pine. This is because of the vigorous rapid growth of the black pine which makes these trees suitable to growing in pots. It is also claimed that there is less yellowing and needle drop on grafted five-needle pine.

arbres nains appartenant à l'empereur dépassent cette hauteur maximale. Certains arbres du palais impérial mesurent même jusqu'à huit pieds et conservent encore des signes de leurs origines chinoises.

Mais en dépit de toutes ces évolutions, le bonsaï est demeuré fidèle à ses origines. Il continue de répondre à un besoin fondamental de retour vers la nature, ce même besoin que ressent aujourd'hui l'homme d'affaires soumis à une vie trépidante et qu'éprouvait, de nombreux siècles avant lui, le samouraï. Le bonsaï permet en effet à celui qui le contemple d'échapper aux multiples soucis de la vie quotidienne. Ce contact privilégié avec la nature purifie et rafraîchit les âmes.

M. Kyuzo Murata a résumé ainsi la façon d'aborder cet art : « Nul ne peut pénétrer l'univers du bonsaï sans s'imprégner du concept du « Wabi » et du « Sabi ». Le Wabi est un état d'esprit. C'est une impression de grande simplicité, tranquille et digne. Le Sabi est une sensation de simplicité et de quiétude qui se dégage des objets anciens qui ont servi maintes et maintes fois. Le but final en créant un bonsaï est de dégager cette impression du Wabi et du Sabi. »

Yet in spite of all these changes, the bonsai has remained true to its origins. It fills the same basic need to be close to nature for today's harried businessman as it did for his samurai forebearers many centuries ago. A bonsai enables one to escape the many pressures of everyday living. This contact with nature cleanses and refreshes one's spirit. Kyuzo Murata has summarized how the art of bonsai must be approached.

"One cannot enter the world of bonsai without going into the concepts of Wabi and Sabi. Wabi is a state of mind. It is a feeling of great simplicity, quiet and dignified. Sabi is a feeling of simplicity and quietness which comes from something old, used over and over again. The final goal in creating bonsai is to create this feeling of Wabi and Sabi."

Rhododendron "Kin Sai" (413)

Cette azalée Satsuki se nomme « Kin Sai » ou « Kin Zai » ou « minces pétales rouges ». Le mot « kin » se traduit littéralement par « or », mais lorsque l'on parle d'azalées japonaises, on traduit ce mot par « de couleur rouge ». Les fleurs sont d'un rouge foncé pur avec de six à treize lobes bien définis. Elles sont petites de même que les feuilles. On ne connaît pas l'origine de cette plante, mais il s'agit d'un des plus anciens cultivars connus.

This Satsuki azalea is descriptively named "Kin Sai" or "Kin Zai", meaning "red narrow petals". "Kin" is actually translated as gold, but it means "red colour" in Japanese azalea circles. Flower colour is pure deep red with six to 13 deeply cut and divided lobes. The blossoms are small and the leaves small and narrow. Although its ancestors are unknown, this is one of the earliest recorded cultivars.

Rhododendron "Kotobuki Hime" (460)

L'azalée Satsuki, est l'espèce favorite des collectionneurs de bonsaïs à fleurs au Japon. Cette espèce est cultivée depuis longtemps et a été l'objet de nombreuses hybridations. Un catalogue de 1692 fournit une liste de 168 variétés et, en 1854, plus de 260 cultivars avaient été développés. Le «Kotobuki Hime» ou «princesse de longévité» arbore un fond blanc sillonné de rayures et de stries écarlates, résultat d'un croisement de «Shin Sen» et de «Kotobuki».

Satsuki azaleas are the favourite of flowering bonsai growers in Japan. Native satsuki azalea were cultivated and hybridized from a very early date. A 1692 catalogue lists over 168 varieties and by 1854, more than 260 cultivars had been developed. The "Kotobuki Hime" or "Princess of Longevity" has a pure white ground with showy scarlet stripes and striations. It is the result of crossing "Shin Sen" and "Kotobuki".

Rhododendron "Haru-no-Sono" (453)

Le « Haru-no-Sono » ou « jardin printanier » donne des fleurs d'un fond rose pourpré garnies de stries rose pâle et de rayures de diverses grosseurs d'un pourpe très prononcé. Les bordures peuvent être soit blanches, soit d'un blanc teinté de rose pâle ou d'un rose pourpre foncé. Il s'agit d'une variété obtenue du « Isso No Haru » ou « Le printemps de la vie ».

The Haru-no-Sono or "Garden of spring" has flowers with a purplish pink ground with varying sized deep purplish pink stripes and pale pink striations. Flower margins can be white, white and pale pink or deep purplish pink. It is a sport of "Issho No Haru" or "Spring of Lifetime".

Rhododendron "Mei Sei" (434)

Le mot japonais « Satsuki » veut littéralement dire « qui fleurit au cinquième mois ». Ce groupe d'azalées est appelé Satsuki parce que, justement, sa floraison commence au cinquième mois de l'ancien calendrier lunaire. Ce magnifique spécimen est un « Mei Sei » qui signifie « renommée ». Au printemps, ses branches se recouvrent d'une telle profusion de fleurs que tout le feuillage disparaît. La fleur de l'azalée Mei Sei a un fond blanc que parcourent des rayures et des stries de diverses grosseurs d'un rouge vif. Ce cultivar est issu d'un croisement entre le « Izayoi » et le « Gobi Nishiki ».

Satsuki literally means fifth month bloomer in Japanese, thus named because they flower in the fifth month of the ancient lunar calendar. This magnificent specimen is named "Mei Sei", literally meaning "Renown". In spring, its branches are so densely covered with thousands of blossoms that no foliage remains visible. Flowers have a white ground with varying sizes of deep red stripes and striations. This cultivar resulted from a cross between "Izayoi" and "Gobi Nishiki".

Le Jardin japonais

The Japanese Garden

Le Jardin japonais / The Japanese Garden

Lorsque le Japonais intègre une roche à son jardin, c'est seulement pour évoquer une lointaine montagne, une île ou un rocher poli par le torrent. Lorsqu'il y fait entrer des fleurs, c'est simplement pour ajouter un soupçon inattendu de couleur comme la surprise que procure au milieu d'une forêt ou près d'un ruisseau, la découverte de quelques fleurs solitaires.

Le jardin extérieur de bonsaïs du Jardin botanique réunit des arbres et des plantes du Japon, de la Chine et de l'Amérique. Bien que son concept reflète diverses sources d'inspiration, son essence profonde est tirée de la philosophie Zen. Au Japon, les jardins Zen constituent des lieux privilégiés de méditation. La nature y est concentrée dans ses éléments les plus fondamentaux : du sable blanc, quelques roches, des mousses ; peu de plantes.

L'homme qui pénètre en un tel refuge se sentira habité d'un sentiment de tranquillité, de paix. Et, comme dit l'adage, « il laissera derrière lui tous ses soucis mondains » pour rentrer en lui-même, pour s'abandonner aux sentiments les plus nobles, pour approfondir sa spiritualité.

La sensation de tranquillité que procure un jardin de ce genre est accentuée par les murs dont il est le plus souvent entouré. Le jardin Zen n'essaie pas de transmettre quoi que ce soit. Il EST et il invite le visiteur à ÊTRE. « Il ne prétend pas élever l'esprit, dit à ce sujet William A. Shear, mais en étant simplement, il incite le visiteur à sentir ce qui l'habite au plus profond de lui-même ».

De même le jardin japonais ne reproduit pas, il évoque. Il puise à même la source intarissable des symboles que lui offre la végétation. Au lieu de soumettre la nature à un schème de pensée rigoureusement organisé comme nous avons l'habitude

When a rock is set within a Japanese garden, it is there simply to evoke the thought of a faraway mountain, an island or a rock that has been polished by a rushing torrent. When the Japanese gardener brings flowers into his garden, it is to add a splash of colour, representing the joy of discovering a few solitary flowers in the middle of a forest or next to a brook.

The Botanical Garden's exterior bonsai garden contains trees and shrubs from Japan, China and North America. If the garden was conceived to reflect various sources of inspiration, it is profoundly and essentially a Zen garden. Japanese Zen gardens are special places of meditation. The most fundamental elements of nature are contained within: white sand, a few rocks, moss; few plants.

The person who enters such a refuge, feels imbued with peace and tranquility. And, like in the old adage, "he will leave behind all his worldly cares" to find his inner self, to give himself to his noblest sentiments, to deepen his spirituality.

The feeling of tranquility within such a garden is accentuated by the high walls which often surround it. The Zen garden does not attempt to transmit any message. It IS and invites the visitor to BE. William A. Shear writes that the Zen garden is "not meant to elevate the spirit but only, by simply being, to point to what is already there within the viewer."

In this same way, the Japanese garden does not reproduce anything, it simple evokes. It draws from the inexhaustible source of symbols offered by plant life. And rather than trying to submit nature to a tightly organized plan or scheme as is our habit in

de le faire en Occident, le Japonais se sert des configurations naturelles pour faire ressortir, et même exagérer, l'harmonie et les contrastes entre les forces positives et négatives, le Yin et le Yang.

Ainsi, la roche — l'élément peut-être le plus important dans un tel jardin — symbolisera le Yang, la rigidité, la stabilité, la perpétuité. Les roches sont les os de la terre; il faut en respecter les lignes naturelles qui témoignent de leurs origines, de leur vécu. Il est essentiel de les recouvrir adéquatement dans leur partie inférieure pour qu'elles se sentent rivées à la terre. Ainsi fixées au sol, elles ressemblent à des îles solidement ancrées au milieu d'une rivière. La rivière, elle, sera mouvement, cailloux blancs, douceur, Yin.

Au milieu de ces contrastes rassurants, les ormes et les podocarpes opposent leur personnalité robuste et imposante à la fragile beauté de l'érable du Japon et à la paisible grâce du mélèze. En patriarches sûrs d'eux, les centenaires veillent sur les plus jeunes. Nés de la philosophie Zen, tous traduisent la simplicité, la sérénité. Ils sont nobles. Ils sont les dignes représentants de l'essence de l'univers.

the West, the Japanese will use the natural configurations to highlight and even exaggerate the harmony and contrasts between the positive and negative forces, the Yin and the Yang.

A rock, possibly the most important element within this type of garden, symbolizes the rigid, stable, perpetual Yang. Rocks are the skeleton of the earth: it is important to respect their natural lines, which bear witness to their origins, their past. Their bases must be adequately covered so that they can feel riveted to the earth. Solidly attached to the soil, they will resemble well-anchored islands in the middle of the river. This is a river of movement, white stones, tenderness, Yin.

In the midst of all these reassuring contrasts, the elm and the podocarpus set off their robust, imposing characteristics to the fragile beauty of the Japanese maple and to the peaceful grace of the larch. Self-confident patriarchs, more than a century old, keep watch over younger trees. Inspired by the Zen philosophy, all reflect simplicity and serenity. They are noble and worthy representatives of the essence of the universe.

L'Est de l'Amérique du Nord : une nouvelle approche à l'art du bonsaï

Eastern North America: New Approaches to the Art of Bonsai

Larix laricina (600) — Mélèze laricin / American larch or tamarack

L'art du bonsaï forma ses racines en Amérique du Nord grâce aux deux premières générations d'Américains d'origine japonaise, que l'on appelle les «Issei» et les «Nissei». Jusqu'à la Seconde Guerre mondiale, néanmoins, la culture d'arbres miniatures ne s'exerçait pratiquement que dans les milieux de la communauté japonaise et dans une obscurité presque totale. L'une des premières institutions publiques où l'on put, à cette époque, admirer des bonsaïs à l'extérieur de l'Asie, fut le Jardin botanique de Brooklyn, à New York. Dès 1925, le Japon lui avait, en effet, offert plusieurs arbres nains.

Pendant la Seconde Guerre mondiale, les Californiens entreprirent la culture expérimentale de bonsaïs à partir d'espèces qu'ils trouvaient dans leur État et dans le désert du Colorado. Cependant, il fallut attendre la fin du conflit du Pacifique pour que commence à se manifester chez les Nord-américains un enthousiasme soutenu envers la nanification des arbres. Pendant la période d'après-guerre, des conseillers agricoles du gouvernement américain, postés au Japon, y avaient étudié cet art, et le retour des forces d'occupation consacra, en Amérique, la naissance du phénomène bonsaï. En 1959, la Société de Bonsaïs de la Californie fut formée et plusieurs de ses membres fondateurs s'acquirent très rapidement une grande renommée tant dans les milieux locaux qu'internationaux.

Vers le milieu des années 1950, l'art du bonsaï gagna l'Est des États-Unis. L'engouement fut stimulé notamment par une série de cours sur les bonsaïs que donnèrent Kanichiro Yashiroda et Yuji Yoshimura, au Jardin botanique de Brooklyn.

Au Canada, la popularité du phénomène bonsaï est relativement jeune. La Société de Bonsaïs de Toronto fut fondée en 1974; et, en 1976, à Montréal,

The art of bonsai first made its appearance in North America among the Issei (first generation Americans of Japanese origin) and Nissei (second generation). Up until World War II, the cultivation of bonsai lay in almost total obscurity, practiced almost only by members of the Japanese community. One of the first public institutions outside Asia to display bonsai during this period was the Brooklyn Botanic Garden. Japan donated several trees to this institution as early as 1925.

California bonsai growers began experimenting with local species, both in California and in the Colorado desert during World War II.

But it is only after the Pacific conflict that North Americans became increasingly interested in the culture of dwarfed trees. During the post-war period, American agricultural officers studied the art in Japan, and with the return of occupying forces to the U.S., the American bonsai phenomenon was born. By 1959, growers in the Golden State formed the California Bonsai Society and many of these original members soon became famous in local and international circles.

By the mid 1950's, the art of bonsai gained a foothold in Eastern North America. This was spurred by a series of courses on bonsai offered by Kanichiro Yashiroda and Yuji Yoshimura at the Brooklyn Botanic Garden.

The popularity of bonsai in Canada is relatively young. The Toronto Bonsai Society was founded in 1974 while the Montréal Bonsai Society, first begun

la Société de l'animation du Jardin et de l'Institut botanique créait la Société de Bonsaï de Montréal qui devait être incorporée officiellement en 1978.

Mais le facteur qui éveilla un véritable intérêt pour cet art dans l'Est du Canada fut la tenue des Floralies internationales de Montréal en 1980. Les visiteurs furent éblouis par la beauté des plantes et des fleurs rassemblées des quatre coins du monde pour former cette exposition internationale. Mais pour beaucoup d'entre eux les extraordinaires collections de bonsaïs de Shanghaï et du Japon se révélèrent le point de mire. L'art du bonsaï, «un art exotique, mystérieux et complexe», se dévoilait à des milliers et des milliers de personnes.

Ceux qui s'intéressèrent plus à fond à ce phénomène furent des plus étonnés de découvrir le grand nombre d'espèces et de variétés d'arbres dans lesquelles il est possible de puiser pour créer des arbres nains. De plus, grâce aux conférences données par les experts américains invités, ils découvrirent très rapidement que plusieurs espèces d'arbres et d'arbustes indigènes peuvent devenir d'excellents bonsaïs. En fait, on leur apprit que les Japonais créent des arbres nains à partir d'environ 3500 espèces ligneuses alors que, parmi les arbres d'Amérique du Nord, on peut en trouver plus du double qui conviennent.

Plusieurs arbres et arbustes sont d'ailleurs nanifiés de façon naturelle à cause de l'intrusion de l'homme dans leur habitat. Pour construire des autoroutes, l'homme a dû tailler de larges bandes de terrain à même les forêts. Le long de ces voies rapides, les jeunes pousses sont exposées aux quatre vents, au sel, et à un environnement plus rude que celui de la forêt dense. Ces trois éléments contribuent à nanifier les jeunes arbres de façon «naturelle».

in 1976, was officially incorporated in 1978, spearheaded by the S.A.J.I.B., a friends of the Montréal Botanical Garden Society.

But the impetus that truly spurred interest in Eastern Canada came with the Floralies internationales held in Montréal in 1980. Visitors to the international flower and plant exhibition marveled at the beauty of plants from the four corners of the Earth. But the exhibits which captivated the public's attention were the outstanding collections of bonsai from Shanghai and Japan. Thousands upon thousands discovered the bonsai, "an intriguing, mysterious, exotic art".

Perhaps what most intrigued those who tarried long enough to learn more about these bonsai was the great number of species and varieties of trees used to create bonsai. Furthermore, they quickly discovered from the host of American bonsai experts invited to demonstrate their talent, that many types of indigenous trees and shrubs are appropriate bonsai subjects. In fact, they were informed that while the Japanese employ more than 3,500 woody plants for bonsai, there are more than double that amount of suitable trees and shrubs in North America. Many of these have already been dwarfed by nature and by man's intrusion into their natural habitat.

In creating super highways, man opened up vast areas of forestland. Along the edges of these expressways, young trees are subjected to high winds, a harsher environment than in a dense wood, and to road salt. These three elements all contribute to "naturally" dwarfing young trees.

Le même phénomène se produit le long des falaises exposées au vent et sur les berges des rivières. Ainsi, le bas du fleuve Saint-Laurent constitue une réserve idéale d'arbres nains et les membres de la Société de Bonsaï de Montréal organisent souvent des expéditions vers ces destinations afin d'y découvrir des arbres naturellement nains qui viendront grossir leurs collections.

Le «Seacoast National Park» de Cape Cod au Massachusetts, s'avère aussi une excellente réserve naturelle de bonsaïs, mais on ne peut les prélever car ils servent à préserver de l'érosion cette partie de la côte. Ces pins demeurent petits à cause d'une combinaison de vents violents, de la pauvreté du sol, et de l'air salin.

Parmi les espèces les plus répandues de nos forêts, on trouve du pin et de l'épinette en abondance. Le mélèze s'est, d'autre part, révélé un candidat idéal à la nanification et sa magnificence s'exprime à son meilleur dans la forme forestière. Le Jardin botanique de Montréal possède une superbe forêt de mélèzes.

Parmi les espèces les plus facilement adaptables, on trouve, outre le mélèze, le pin gris, le pin rigide, le pin d'Écosse, le genévrier commun, le thuya ou cèdre blanc, et la pruche du Canada. D'autres espèces présentent plus de difficultés, notamment l'érable rouge, le micocoulier occidental, le bouleau, l'orme d'Amérique, l'aubépine, le pommetier sauvage et le saule.

Les expériences que mènent les collectionneurs avec diverses espèces permettent de développer de nouvelles approches à cet art et de nouveaux styles basés sur les habitudes de croissance propres aux arbres indigènes de l'Est de l'Amérique du Nord.

The same applies along wind-exposed rock faces on mountain sides and river banks. The Lower Saint-Lawrence Valley is a prime location for dwarfed trees, and members of the Montréal Bonsai Society often organize outings to collect wild trees to add to their collections.

Another location for naturally dwarfed trees is along the National Seacoast Park in Cape Cod. These trees cannot be collected however as they serve to prevent soil erosion along the coastal area. In the case of these pine trees, it is a combination of high winds, poor soil conditions and salty air that creates dwarfing.

Among the most widely available species are the pine and spruce trees, so prevalent in our forests. The larch has been successfully dwarfed and is especially magnificent in the forest style. The Montréal Botanical Garden was given a superb larch forest.

The most easily adaptable species are the larch, jack pine, pitch pine, scotch pine, common juniper, thuya (white cedar), tsuga (hemlock). Other dwarfable trees may offer a higher degree of difficulty and include the red maple, native hackberry, birch, American elm, hawthorn, wild crabapple and willow.

As growers experiment with various species, new approaches to the art will continue to open up distinctive styles based on the growth habits of Eastern North America's indigenous trees.

Picea glauca (601) — Épinette blanche / White spruce

M. Cheung Sau-Jean, président-fondateur de la "Artistic Pot Plant Association" de Hong-Kong et M. David Easterbrook, président de la Société de Bonsaï de Montréal.

Mr. Cheung Sau-Jean, founding President of the Hong Kong Artistic Pot Plant Association and Mr. David Easterbrook, President of the Montréal Bonsai Society.

Nom	description	rempotage	fumure
Acer rubrum Érable rouge	Arbre à feuilles caduques, écorce grise et bourgeons rouges; tronc court et couronne ample. De toutes les espèces d'érables indigènes, c'est le meilleur pour créer un bonsaï.	Tôt le printemps (mars ou début avril), dès que les bourgeons grossissent.	À toutes les semaines ou aux deux semaines, durant la période de croissance. Utilisez un engrais acide tel le Miracid. Deux fois par année donnez du fer chélaté (printemps et automne).
Betula papyrifera Bouleau à papier	Arbre à feuilles caduques dont l'écorce devient blanche à maturité (environ 15 ans).	Une fois chaque deux ans, tôt le printemps avant l'apparition des nouvelles pousses. Taillez légèrement en laissant de longues racines fibreuses. Rempotez dans une couche épaisse de terreau organique au pH légèrement acide, favorisant le drainage.	Toutes les deux semaines pendant la saison de croissance avec un engrais à base d'acide.
Celtis occidentalis Micocoulier occidental	Arbre à feuilles caduques et à croissance rapide. Son écorce est d'un gris léger et ses feuilles ressemblent à celles de l'orme.	Chaque année au début du printemps avant l'apparition des nouvelles pousses. Utilisez un mélange organique favorisant le drainage.	Chaque semaine ou aux deux semaines, au cours de la période de croissance.
Crataegus spp. Aubépine	Arbre ou arbuste à feuilles caduques et à croissance lente. Au printemps il se couvre de petites fleurs blanches qui donnent des fruits noirs ou d'une couleur rougeâtre.	Une fois par année, tôt au printemps, avant l'apparition de nouvelles pousses. Utilisez un petit récipient pour bien fixer les racines de façon à favoriser une croissance rapide.	Toutes les deux semaines au cours de la saison de croissance. Il est particulièrement important de fertiliser à l'automne.
Juniperus communis Genévrier commun	Conifère à aiguilles pointues persistantes.	Tous les deux ou trois ans, en avril ou en mai. Placez dans un terreau alcalin de sable grossier.	Toutes les deux semaines ou une fois par mois au cours de la saison de croissance.

taille des branches et des pousses	ligature	divers
Taillez vers la fin de l'hiver ou au début du printemps, avant que les nouvelles pousses apparaissent. Enlevez les branches opposées. Taillez les nouvelles pousses au premier ou au deuxième entrenoeud durant la saison de croissance.	Ligaturez tôt le printemps, immédiatement après la taille. Assurez-vous que les fils de métal ne causent pas de dommages aux jeunes pousses.	Ensoleillement partiel. Gardez le sol humide en tout temps. Le pH du sol doit être un peu acide.
Taillez les grosses branches à la fin de l'hiver ou tôt au printemps. Les nouvelles pousses devraient être coupées jusqu'à la première ou la seconde feuille. NE défoliez PAS.	Ligaturez après la taille.	Gardez partiellement à l'ombre et conservez le sol humide en le couvrant de mousse.
Taillez au début du printemps avant de rempoter. Pincez les nouvelles pousses jusqu'à la première, la seconde ou la troisième nouvelle feuille.	Tôt au printemps, avant l'apparition de nouvelles pousses ou en été après la défoliation.	Placez dans un endroit partiellement ombragé ou ensoleillé. Arrosez souvent.
Taillez au printemps après la floraison ou à l'automne après la chute des feuilles. Pincez les nouvelles pousses jusqu'à la deuxième ou troisième nouvelle feuille, en mai.	Ligaturez à la fin de juin ou tôt en juillet.	Placez en plein soleil et arrosez souvent.
Taillez les branches principales au début du printemps. Pincez les nouvelles pousses à partir du printemps jusqu'à l'automne.	Ligaturez à l'automne avant le gel ou au début du printemps.	Placez en plein soleil et arrosez en quantité modérée. Arrosez souvent le feuillage.

Nom	**description**	**rempotage**	**fumure**
Larix laricina Mélèze laricin ou tamarac	Conifère caduque à croissance rapide. Excellente espèce pour réaliser des bonsaïs car il conserve un aspect intéressant tout au long de l'année.	À chaque deux ans, au début du printemps, avant l'apparition des nouvelles pousses. Placez dans un terreau sablonneux favorisant le drainage.	Toutes les deux semaines au cours de la saison de croissance.
Malus pumila Pommier sauvage	Pommier sauvage à feuilles caduques. Fleurs blanches à rose foncé. Petits fruits en automne.	Tôt au printemps, avant l'apparition des nouvelles pousses. Placez dans un terreau organique riche et favorisant le drainage.	Toutes les deux semaines, du printemps à l'automne avec un engrais riche en phosphore. NE fumez PAS au moment du bourgeonnement ou de la formation du fruit.
Picea glauca Épinette blanche *Picea mariana* Épinette noire	Conifères à courtes aiguilles persistantes. Ils croissent généralement à la verticale mais dans des conditions difficiles, il leur arrive de prendre des formes inhabituelles et très tordues.	Rempotez et taillez les racines en avril ou au début de mai. Utilisez un mélange sablonneux et légèrement acide.	Toutes les deux semaines ou une fois par mois, d'avril à octobre.
Pinus banksiana Pin gris *Pinus rigida* Pin rigide (ou pitchpin) *Pinus sylvestris* Pin sylvestre	Pins à deux aiguilles à feuilles persistantes.	Vers la fin du printemps jusqu'au début de l'été dans un mélange de sable grossier favorisant le drainage.	Une fois par mois, de mars à octobre.
Thuja occidentalis Thuya de l'Est ou cèdre blanc	Conifère à feuillage persistant, en forme d'écailles arrondies.	Tous les deux ou trois ans, en avril, dans un mélange de terre sablonneuse qui favorise le drainage.	Toutes les deux semaines ou une fois par mois au cours de la saison de croissance.

taille des branches et des pousses	ligature	divers
Taillez les branches tard en automne après la chute des aiguilles. Enlevez toutes les nouvelles pousses au début du printemps. À l'apparition des nouvelles pousses, pincez régulièrement.	Vers la fin de l'automne ou au début du printemps lorsque les branches sont dénudées.	Il faut absolument mettre cet arbre en plein soleil et l'arroser fréquemment. Il est sujet à être attaqué par les mouches blanches. Aussi, pour prévenir ce problème, vaporisez régulièrement de l'insecticide pendant tout le printemps et l'été.
Taillez les branches à deux reprises au début du printemps avant l'épanouissement des bourgeons et après la chute des fleurs. Pincez les nouvelles pousses en juin puis à nouveau en automne lorsque les dards apparaissent. Cueillez tous les fruits à la mi-automne.	Ligaturez au début de l'été. Utilisez du fil d'aluminium ou du fil de cuivre enrobé de papier.	Placez en plein soleil et arrosez beaucoup. Vaporisez régulièrement avec des insecticides. Les spécimens cueillis dans la nature sont spécialement sujets à être attaqués par les insectes perceurs.
Taillez les branches vers la fin de l'automne avant le gel. Pincez les nouvelles pousses pour ne laisser que quelques aiguilles lorsqu'elles allongent au printemps. De nouveaux bourgeons plus petits se formeront.	Ligaturez à la fin de l'automne avant le gel.	Placez en plein soleil et arrosez lorsque la terre est légèrement sèche. On peut trouver d'excellents spécimens dans les régions nordiques éloignées et sur les sommets isolés de montagnes.
Taillez à la fin de l'automne avant le gel. Pincez ou enlevez complètement les nouvelles aiguilles à mesure qu'elles apparaissent, en commençant par le bas de l'arbre. Les nouvelles pousses qui se formeront devraient être pincées et éclaircies en août.	Avant le début de la nouvelle croissance ou à la fin de l'automne avant le gel.	Placez en plein soleil et n'arrosez JAMAIS plus d'une fois par jour.
Taillez les branches l'automne avant le gel. Enlevez les nouvelles pousses vert pâle en les tirant légèrement avec les doigts.	À la fin de l'automne, avant le gel, ou au printemps.	Placez en plein soleil et arrosez modérément.

Nom	**description**	**rempotage**	**fumure**
Tsuga canadensis Pruche de l'Est	Conifère vert foncé à petites aiguilles persistantes. Cet arbre a besoin de plusieurs années pour se former une écorce épaisse et robuste.	Une fois par deux ans, d'avril à la mi-mai, dans un terreau tourbeux et légèrement acide.	Tout au long de la période de croissance avec un engrais acidifiant du type "Miracid" ou "Acidgro".
Ulmus americana Orme d'Amérique	Arbre à feuilles caduques qui croît en plein champ. Superbe silhouette légèrement arrondie en forme de parasol.	Tôt au printemps, avant l'apparition des nouveaux bourgeons. Utilisez le terreau ordinaire pour les bonsaïs.	Toutes les deux semaines pendant toute la période de croissance.

taille des branches et des pousses	ligature	divers
Taillez les branches au début de l'automne (septembre ou octobre). Pincez les nouvelles pousses pour ne laisser que peu de nouvelles aiguilles pendant la saison de croissance.	Ligaturez avec du fil de métal recouvert de papier, au début du printemps ou à l'automne.	C'est une erreur de considérer la pruche comme un sujet difficile pour la culture en bonsaï. Elle se développe en terrain ombragé. Maintenez-la dans un sol légèrement acide et humide.
Taillez les branches au début du printemps avant l'apparition des nouvelles pousses. Pincez les nouvelles pousses jusqu'à la première ou la deuxième nouvelle feuille, pendant toute la saison de croissance. Défoliez les arbres en santé à la mi-juin.	Au début du printemps avant l'apparition des nouvelles pousses. Vérifiez régulièrement pour éviter que les fils n'endommagent l'arbre.	Profusion de soleil et beaucoup d'eau. Les feuilles de l'orme d'Amérique se nanifient considérablement lorsque cet arbre est cultivé en bonsaï. La maladie hollandaise de l'orme ne cause généralement pas de problème à l'orme d'Amérique cultivé en bonsaï si on le vaporise régulièrement de façon préventive contre les insectes nuisibles.

CULTURE CODE FOR BONSAI OF EASTERN NORTH AMERICA

Name	description	repotting	fertilization
Acer rubrum Red maple	Deciduous tree, gray bark and red buds; short trunk and broad crown when mature. Of all native maple species, it is considered the best for bonsai training.	Early spring (March or early April) as soon as buds begin fattening.	Weekly or bi-weekly during growing season. Use an acid-based fertilizer such as Miracid. Feed with iron chelate twice yearly (spring and autumn).
Betula papyrifera White paper birch	Deciduous tree which develops white bark at maturity (approx. 15 years).	Once every two years in early spring before new growth appears. Prune lightly leaving ample fibrous roots. Repot into a deep, organic well-drained soil with a slightly acid pH.	Bi-weekly during growth season with an acid-based fertilizer.
Celtis occidentalis Hackberry or nettle tree	Fast-growing deciduous tree, smooth gray bark and elm-like leaves.	Yearly in early spring before new growth appears. Use a well-drained organic mixture.	Weekly or bi-weekly during the growth season.
Crataegus spp Hawthorn	Slow growing, deciduous tree or shrub. In spring it is covered with small white flowers which ripen into black or reddish-coloured fruit.	Once a year in early spring before new shoots appear. Use a small pot to cramp the roots so as to check rapid growth.	Bi-weekly throughout the growth season. Fertilizing in autumn is especially important.
Juniperus communis Common juniper	Evergreen conifer with sharp needles.	Once every two years in early spring before new growth begins into a sandy, well-drained alkaline soil.	Bi-weekly or monthly throughout the growth season.
Larix laricina American larch or tamarack	Deciduous, fast-growing conifer. Excellent bonsai material because it is interesting in all four seasons.	Once every two years in early spring before new growth begins into a sandy, well-drained soil.	Bi-weekly throughout the growth season.
Malus pumila Wild crab apple	Deciduous fruiting wild apple tree. Flowers range from white to deep pink and small fruits appear in autumn.	Early in spring before new growth begins in a rich, organic, but well-drained soil.	Bi-weekly with phosphorus-rich fertilizer from spring through fall. Do NOT fertilize when in bloom or when fruit is forming.

pruning and pinching	wiring	miscellaneous
Prune in late winter or early spring before new growth begins. Remove opposite branches. Pinch back new growth to first or second internode throughout the growing season.	In early spring, just after pruning. Check new growth constantly for wire damage.	Place in partial shade and keep moist at all times. Soil pH should be slightly acid.
Prune large branches in late winter or early spring. New shoots should be cut back to the first or second leaf. Do NOT defoliate.	Wire after pruning.	Keep in partial shade and keep soil cool by covering with moss.
Prune in early spring before repotting. Pinch back new shoots to the first, second or third new leaf.	Early spring before new growth appears or in summer after defoliation.	Place in semi-shade or sunny location. Water often.
Prune in the spring following flowering or in the fall after leaves have fallen. Pinch new growth back to the second or third new leaf in May.	Wire in late June or early July.	Place in full sun and water often.
Prune major branches in early spring. Pinch off new growth from spring until fall.	Wire in autumn before freezing or in early spring.	Place in full sun and give moderate amounts of water. Mist the foliage often.
Prune branches in late fall after needle drop. Remove all new growth in early spring. When new growth appears, pinch back regularly.	In late autumn or early spring when branches are bare.	It is imperative to give this tree full sun and frequent waterings. It is prone to aphid problems so apply preventive insecticide sprays regularly throughout spring and summer.
Prune branches twice yearly in early spring before buds open and after flowers drop. Pinch new growth in June and once again in autumn when fruit spurs are visible. Remove all fruit by mid autumn.	Wire in early summer. Use aluminium or paper-wrapped copper wire.	Place in full sun and provide ample water. Spray regularly with insecticides. Collected material especially prone to trunk borers.

Name	description	repotting	fertilization
Picea glauca White spruce *Picea mariana* Black spruce	Evergreen conifer, short needles. Growth habit is usually upright but under difficult conditions, it assumes highly unusual contorted shapes.	Repot and root prune in April or early May. Use a sandy, slightly acid soil mixture.	Bi-weekly or monthly from April through October.
Pinus banksiana Jack pine *Pinus rigida* Pitch pine *Pinus sylvestris* Scotch pine	Evergreen two-needle pines.	From late spring to early summer into a fast-draining, coarse sand mixture.	Once a month from March through October.
Thuja occidentalis White cedar or thuja	Evergreen conifer with soft scale-like foliage.	Once every two or three years in April, into a well-drained sandy mixture.	Bi-weekly or monthly throughout the growth season.
Tsuga canadensis Eastern hemlock	Dark green, small-needled evergreen conifer. It requires many years to develop a thick rugged bark.	Once every two years from April through mid May into a slightly acid, peaty soil mixture.	Throughout the growth period with an acid-based fertilizer such as «Miracid» or «Acidgro».
Ulmus americana American elm	Deciduous tree found growing in open fields. Beautiful broom-shaped, slightly rounded silhouette.	In early spring, before new buds open in regular bonsai soil.	Bi-weekly throughout growth period.

pruning and pinching	wiring	miscellaneous
Prune branches in late fall before freezing. Pinch off new growth leaving only a few new needles as it elongates in spring. New smaller buds will result.	Wire in late fall before freezing.	Place in full sun and water when soil is slightly dry. Excellent old specimens can be found in far northern areas and on isolated mountain tops.
Prune in late autumn before freezing. Pinch back or entirely remove new needles as they appear starting with lower portions of the tree. The new candles which will form should be pinched back and thinned out in August.	Before new growth begins or in late autumn before freezing.	Place in full sun and NEVER water more than once a day.
Prune branches in the fall before freezing. Remove the light green new growth by lightly pulling it off with the fingertips.	In late autumn before freezing or in early spring.	Place in full sun and water moderately.
Prune branches in early fall (September or October). Pinch back new growth leaving only a few new needles throughout the growth season.	Wire with paper-wrapped wire either in early spring or fall.	Hemlock is erroneously considered a difficult bonsai subject. It thrives in light shade. Water lightly and maintain a slightly acid soil.
Prune branches in early spring before new growth appears. Pinch back new growth back to the first or second new leaf throughout the growth season. Defoliate healthy trees in mid June.	In early spring before new leaves appear. Check branches frequently for wire damage.	Full sun and ample water. The leaves of an American elm reduce considerably in size under bonsai cultivation. Dutch elm disease is generally not a problem in American elm bonsai if they are given regular preventive spraying against insect pests.

Données techniques selon la classification numérique du Jardin botanique de Montréal
Technical data as per the Montréal Botanical Garden's numerical classification

No	Page	Noms/ Names	Hauteur/ Height	Age ans/ years	Pot: a) dimensions b) description c) provenance
1	45	*Ulmus parvifolia* Orme de Chine Chinese elm	61cm (24″)	80	a) 53x37x12.5cm (21″x14″x5″) b) Rectangulaire, rouille, non émaillé Rust brown, unglazed, rectangular c) Pot antique de I-hsing, Chiang-su Antique pot from Yixing, Jiangsu
2	52A	*Ulmus parvifolia* Orme de Chine Chinese elm	94cm (37″)	50	a) 65x42x15cm (25″x16″x6″) b) Rectangulaire, rouille, non émaillé Rust brown, unglazed, rectangular c) I-hsing, Chiang-su / Yixing, Jiangsu
3	46C	*Ulmus parvifolia* Orme de Chine Chinese elm	71cm (28″)	40	a) 53x33x18cm (21″x13″x7″) b) Rectangulaire, bleu foncé, émaillé Dark blue, glazed, rectangular c) Shi-wan, Kwang-tung / Shiwan, Guangdong
4	58C	*Ulmus parvifolia* Orme de Chine Chinese elm	61cm (24″)	40	a) 40x40x13cm (15″x15″x5″) b) Rond, jaune-vert, émaillé Greenish yellow, glazed, round c) Shi-wan, Kwang-tung / Shiwan, Guangdong
5	49	*Ulmus parvifolia* Orme de Chine Chinese elm	51cm (20″)	30	a) 40x26x8cm (15″x10″x3″) b) Rectangulaire, brun, non émaillé Brown, unglazed, rectangular c) I-hsing, Chiang-su / Yixing, Jiangsu
6	39C	*Ulmus parvifolia* Orme de Chine Chinese elm	46cm (18″)	25	a) 34x23x7cm (13″x9″x3″) b) Rectangulaire, bleu, émaillé Blue, glazed, rectangular c) Shi-wan, Kwang-tung / Shiwan, Guangdong
7	48A	*Ulmus parvifolia* Orme de Chine Chinese elm	25cm (10″)	20	a) 40x28x7cm (15″x11″x3″) c) I-hsing, Chiang-su / Yixing, Jiangsu
8	39A	*Ulmus parvifolia* Orme de Chine Chinese elm	33cm (13″)	20	a) 33x21x7cm (13″ x 8″x3″) b) Rectangulaire, blanc cassé, émaillé Off-white, glazed, rectangular c) Pot antique de Shi-wan, Kwang-tung Antique pot from Shiwan, Guangdong

No	Page	Noms/ Names	Hauteur/ Height	Age ans/ years	Pot: a) dimensions b) description c) provenance
9	39B	*Ulmus parvifolia* Orme de Chine Chinese elm	33cm (13″)	10	a) 31x19x6cm (13″x7″x2″) b) Rectangulaire, brun-roux, non émaillé Reddish brown, unglazed, rectangular c) I-hsing, Chiang-su / Yixing, Jiangsu
10	33	*Ehretia microphylla* Thé de Fukien Fukien tea	56cm (22″)	60	a) 40x29x10cm (16″x11″x4″) b) Rectangulaire, brun, non émaillé Brown, unglazed, rectangular c) I-hsing, Chiang-su / Yixing, Jiangsu
11	—	*Ehretia microphylla* Thé de Fukien Fukien tea	69cm (27″)	50	a) 54x39x16cm (21″x15″x6″) b) Rectangulaire, brun, non émaillé Brown, unglazed, rectangular c) I-hsing, Chiang-su / Yixing, Jiangsu
12	48C	*Ehretia microphylla* Thé de Fukien Fukien tea	66cm (26″)	40	a) 48x37cm (19″x14″) b) Oval, brun, non émaillé Brown, unglazed, oval c) I-hsing, Chiang-su / Yixing, Jiangsu
13	50B	*Ehretia microphylla* Thé de Fukien Fukien tea	61cm (24″)	40	a) 63x33x7cm (25″x13″x3″) b) Rectangulaire, marbre blanc White marble, rectangular c) Hong-Kong
14	43	*Ehretia microphylla* Thé de Fukien Fukien tea	80cm (32″)	40	a) 24x24x19cm (9″x9″x7″) b) Profond, carré, bleu pâle, émaillé Pale blue, glazed, square, deep c) Pot antique de Shi-wan, Kwang-tung Antique pot from Shiwan, Guangdong
15	60A	*Ehretia microphylla* Thé de Fukien Fukien tea	46cm (18″)	40	a) 42x42x14cm (16″x16″x5″) b) Rond, jaune-vert, émaillé Greenish yellow, glazed, round c) Shi-wan, Kwang-tung / Shiwan, Guangdong
16		*Ehretia microphylla* Thé de Fukien Fukien tea	51cm (20″)	30	a) 44x34x11cm (17″x13″x4″) b) Rectangulaire, bleu, émaillé Blue, glazed, rectangular c) Shi-wan, Kwang-tung / Shiwan, Guangdong
17	58A	*Ehretia microphylla* Thé de Fukien Fukien tea	69cm (27″)	30	a) 46x31x7cm (18″x12″x3″) b) Rectangulaire, brun, non émaillé Brown, unglazed, rectangular c) I-hsing, Chiang-su / Yixing, Jiangsu

No	Page	Noms/ Names	Hauteur/ Height	Age ans/ years	Pot: a) dimensions b) description c) provenance
18	46A	*Ehretia microphylla* Thé de Fukien Fukien tea	51cm (20″)	30	a) 45x32x11cm (17″x12″x4″) b) Rectangulaire, brun, non émaillé Brown, unglazed, rectangular c) I-hsing, Chiang-su / Yixing, Jiangsu
19	56B	*Ehretia microphylla* Thé de Fukien Fukien tea	64cm (25″)	25	b) Profond, carré, bleu, émaillé Blue, glazed, square, deep c) Shi-wan, Kwang-tung / Shiwan, Guangdong
20	44	*Ehretia microphylla* Thé de Fukien Fukien tea	46cm (18″)	20	a) 31x31x15cm (12″x12″x6″) b) Rond, vert, émaillé Green, glazed, round c) Shi-wan, Kwang-tung / Shiwan, Guangdong
21	55	*Murraya paniculata* Murraya paniculé Orange jasmine (or satinwood)	61cm (24″)	130	a) 40x29x14cm (16″x11″x5″) b) Rectangulaire, brun, non émaillé Brown, unglazed, rectangular c) I-hsing, Chiang-su / Yixing, Jiangsu
22	35	*Murraya paniculata* Murraya paniculé Orange jasmine (or satinwood)	89cm (35″)	30	a) 64x35x7cm (25″x14″x3″) b) Rectangulaire, marbre blanc White marble, rectangular c) Hong-Kong
23	54C	*Murraya paniculata* Murraya paniculé Orange jasmine (or satinwood)	46cm (18″)	30	a) 32x23x11cm (12″x9″x4″) b) Rectangulaire, brun, non émaillé Brown, unglazed, rectangular c) I-hsing, Chiang-su / Yixing, Jiangsu
24	41	*Sageretia thea* Sageretia Hedge sageretia	76cm (30″)	60	a) 63x33x9cm (27″x13″x3″) b) Rectangulaire, marbre blanc White marble, rectangular c) Hong-Kong
25	54A	*Sageretia thea* Sageretia Hedge sageretia	56cm (22″)	30	a) 43x25x9cm (17″x10″x3″) b) Rectangulaire, bleu, émaillé Blue, glazed, rectangular c) Shi-wan, Kwang-tung / Shiwan, Guangdong
26	54B	*Sageretia thea* Sageretia Hedge sageretia	41cm (16″)	30	a) 31x23x9cm (13″x9″x4″) b) Rectangulaire, blanc, émaillé White, glazed, rectangular c) Japon / Japan

No	Page	Noms/ Names	Hauteur/ Height	Age ans/ years	Pot: a) dimensions b) description c) provenance
27	51	*Serissa foetida* Serissa ou sérisse commun Common serissa (or snow rose)	51cm (20″)	25	a) 38x22x6cm (15″x9″x3″) b) Rectangulaire, jaunâtre, émaillé Yellowish, glazed, rectangular c) Pot antique de Wu-hsi, Chiang-su Antique pot from Wuxi, Jiangsu
28	60B	*Podocarpus macrophyllus* Podocarpe de Chine ou pin bouddhiste Buddhist pine or yew podocarpus	94cm (37″)	50	a) 58x43x15cm (23″x17″x6″) b) Rectangulaire, brun, non émaillé Brown, unglazed, rectangular c) I-hsing, Chiang-su / Yixing, Jiangsu
29	53	*Celtis sinensis* Micocoulier de Chine Chinese hackberry	69cm (27″)	25	a) 48x29x10cm (19″x11″x4″) b) Rectangulaire, turquoise, émaillé Turquoise, glazed, rectangular c) Shi-wan, Kwang-tung / Shiwan, Guangdong
30	59	*Araucaria* sp. Araucaria Araucaria	58cm (30″)	30	a) 40x29x7cm (16″x11″x3″) b) Rectangulaire, brun-roux, non émaillé, décoré Reddish brown, unglazed, decorated, rectangular c) I-hsing, Chiang-su / Yixing, Jiangsu
31	29	*Ehretia microphylla* Thé de Fukien Fukien tea	73cm (29″)	40	b) Rectangulaire, brun pâle, non émaillé Pale brown, unglazed, rectangular c) Pot antique de I-hsing, Chiang-su Antique pot from Yixing, Jiangsu
32	50A	*Ehretia microphylla* Thé de Fukien Fukien tea	121cm (48″)	30	b) Rectangulaire, marbre blanc White marble, rectangular c) Hong-Kong
33	56A	*Ehretia microphylla* Thé de Fukien Fukien tea	-17cm (-7″)	5	b) Carré, profond, brun-roux, avec des panneaux jaunes, non émaillé Reddish brown with yellow panels, unglazed, deep, square. c) I-hsing, Chiang-su / Yixing, Jiangsu
34	60C	*Ulmus parvifolia* Orme de Chine Chinese elm	90cm (35″)	30	b) Rectangulaire, bleu foncé, avec panneaux en relief, émaillé Dark blue, glazed, rectangular, with panel relief
35	46B	*Ulmus parvifolia* Orme de Chine Chinese elm	71cm (28″)	30	b) Rectangulaire, brun foncé, non émaillé Dark brown, unglazed, rectangular c) I-hsing, Chiang-su / Yixing, Jiangsu

No	Page	Noms/ Names	Hauteur/ Height	Age ans/ years	Pot: a) dimensions b) description c) provenance
36	10	*Ulmus parvifolia* Orme de Chine Chinese elm	43cm (17″)	30	b) Rectangulaire, brun, non émaillé Brown, unglazed, rectangular c) I-hsing, Chiang-su / Yixing, Jiangsu
37	48B	*Ulmus parvifolia* Orme de Chine Chinese elm	66cm (26″)	25	b) Rectangulaire, marbre blanc White marble, rectangular c) Hong-Kong
38	52B	*Ulmus parvifolia* Orme de Chine Chinese elm	20cm (8″)	10	b) Oval, jaunâtre, émaillé sur sous-couche émaillée bleue Yellowish over a blue underglaze, glazed, oval c) Shi-wan, Kwang-tung / Shiwan, Guangdong
39	37	*Celtis sinensis* Micocoulier de Chine Chinese hackberry	74cm (29″)	80	b) Rond, gravé, bleu-vert, émaillé Blue-green, glazed, round with incised pattern c) Pot antique datant de la dynastie des Ming Antique Ming dynasty pot
40	57	*Celtis sinensis* Micocoulier de Chine Chinese hackberry	84cm (33″)	80	b) Rectangulaire, marbre blanc White marble, rectangular c) Hong-Kong
41	30	*Sageretia thea* Sageretia Hedge sageretia	50cm (20″)	20	b) Rectangulaire, marbre blanc White marble, rectangular c) Hong-Kong
42	47	*Podocarpus macrophyllus* Podocarpe de Chine ou pin bouddhiste Buddhist pine or yew podocarpus	74cm (29″)	120	b) Rectangulaire, marbre blanc White marble, rectangular c) Hong-Kong
43	58B	*Glyptostrobus lineatus* Cyprès des marais de Chine Chinese swamp cypress	61cm (24″)	20	b) Rectangulaire, bleu émaillé Blue, glazed, rectangular c) Shi-wan, Kwang-tung / Shiwan, Guangdong
44	61	*Serissa foetida* Serissa ou sérisse commun Common serissa or snow rose	66cm (26″)	30	b) Oval, peu profond, bleu, émaillé Blue, glazed, shallow, oval c) I-hsing, Chiang-su / Yixing, Jiangsu
45	62	*Pyracantha crenulata* Pyracanthe ou buisson ardent Pyracantha or firethorn	40cm (16″)	20	b) Rectangulaire, marbre blanc White marble, rectangular c) Hong-Kong
46	42	*Chamaecyparis pisifera* "Squarrosa" Faux cyprès de Sawara Sawara cypress	80cm (32″)	40	b) Rectangulaire, marbre blanc White marble, rectangular c) Hong-Kong

No	Page	Noms/ Names	Hauteur/ Height	Age ans/ years	Pot: a) dimensions b) description c) provenance
47		*Murraya paniculata* Murraya paniculé Orange jasmine (or satinwood)	82cm (32″)	120	a) 76x40x10cm (30″x16″x4″) b) Rectangulaire, vert, émaillé Green, glazed, rectangular c) Kuang-chou (Canton), Kwang-tung Kwangchou (Canton), Guangdong
100	79	*Ginkgo biloba* Ginkgo ou arbre aux quarante écus Ginkgo or maidenhair tree	117cm (46″)	130	a) 56x36x17cm (22″x14″x7″) b) Rectangulaire, brun-roux, émaillé Reddish brown, glazed, rectangular c) Pot antique de Chine Antique Chinese pot
101	69	*Punica granatum "Nana"* Grenadier nain Dwarf pomegranate	77cm (30″)	55	a) 51x51x24cm (20″x20″x9″) b) Rond, bleu foncé, émaillé Dark blue, glazed, round c) I-hsing, Chiang-su / Yixing, Jiangsu
102	66	*Sageretia thea* Sageretia Hedge sageretia	56cm (22″)	72	a) 31x23x16cm (12″x9″x6″) b) Rectangulaire, brun foncé sur sous-couche rouge, non émaillé et décoré Dark brown with red underlayer, unglazed, decorated, rectangular c) Chine / China
103	80C	*Sageretia thea* Sageretia Hedge sageretia	43cm (17″)	63	a) 38x30x7cm (15″x12″x3″) b) Oval, brun-gris, non émaillé Grayish brown, unglazed, oval c) Japon, fabricant: Tokoname Japan, manufacturer: Tokoname
104	68B	*Pinus parviflora* Pin blanc du Japon Japanese white pine	51cm (20″)	65	a) 45x32x10cm (18″x13″x4″) b) Rectangulaire, brun, non émaillé Brown, unglazed, rectangular c) Chine / China
105	75	*Pinus thunbergiana* Pin noir du Japon Japanese black pine	65cm (25″)	80	a) 19x19x30cm (8″x8″x12″) b) Carré, profond, rouge, non émaillé, décoré Red, unglazed, decorated, deep, square c) Chine / China

No	Page	Noms/ Names	Hauteur/ Height	Age ans/ years	Pot: a) dimensions b) description c) provenance
106	8	*Podocarpus macrophyllus* Podocarpe de Chine ou pin bouddhiste Buddhist pine or yew podocarpus	87cm (34″)	135	a) 55x33x20cm (22″x13″x8″) b) Rectangulaire, rouille, non émaillé Rust brown, unglazed, rectangular c) I-hsing, Chiang-su / Yixing, Jiangsu
107	68A	*Podocarpus macrophyllus* Podocarpe de Chine ou pin bouddhiste Buddhist pine or yew podocarpus	51cm (20″)	47	a) 34x34x10cm (13″x13″x4″) b) Rond, blanc cassé, émaillé Off-white, glazed, round c) Pot antique de Chine Antique Chinese pot
108	68C	*Juniperus chinensis* var. *sargentii* Genévrier de Sargent Sargent juniper	45cm (18″)	60	a) 28x28x16cm (11″x11″x6″) b) Pentagonal, jaune, non émaillé, décoré Yellow, unglazed, decorated, pentagon c) Chine / China
109	71	*Cryptomeria japonica* var. *sinensis* Cryptomérie de Chine Chinese cedar	63cm (25″)	33	a) 45x29x3cm (18″x11″x1″) b) Oval, brun, non émaillé Brown, unglazed, oval c) Chine / China
110	64	*Ulmus parvifolia* Orme de Chine Chinese elm	94cm (37″)	135	a) 72x34x11cm (28″x13″x4″) b) Rectangulaire, marbre blanc White marble, rectangular c) Chine / China
111	77	*Ulmus parvifolia* Orme de Chine Chinese elm	89cm (35″)	107	a) 55x34x19cm (21″x11″x7″) b) Rectangulaire, brun, non émaillé Brown, unglazed, rectangular c) I-hsing, Chiang-su / Yixing, Jiangsu
112	73A	*Ulmus parvifolia* Orme de Chine Chinese elm	91cm (36″)	95	a) 55x37x18cm (22″x15″x7″) b) Rectangulaire, brun, non émaillé Brown, unglazed, rectangular c) Pot antique d'I-hsing, Chiang-su Antique pot from Yixing, Jiangsu
113	81	*Ulmus parvifolia* Orme de Chine Chinese elm	56cm (22″)	80	a) 45x31x10cm (17″x12″x4″) b) Rectangulaire, blanc, émaillé White, glazed, rectangular c) Chine / China

No	Page	Noms/ Names	Hauteur/ Height	Age ans/ years	Pot: a) dimensions b) description c) provenance
114	6	*Ulmus parvifolia* Orme de Chine Chinese elm	37cm (14″)	43	a) 31x22x7cm (12″x9″x3″) b) Rectangulaire, rouille, non émaillé Rust brown, unglazed, rectangular c) I-hsing, Chiang-su / Yixing, Jiangsu
115	73C	*Ulmus parvifolia* Orme de Chine Chinese elm	42cm (16″)	32	a) 30x21x6cm (12″x8″x2″) b) Rectangulaire, brun, non émaillé Brown, unglazed, rectangular c) I-hsing, Chiang-su / Yixing, Jiangsu
116	73B	*Ulmus parvifolia* Orme de Chine Chinese elm	28cm (11″)	28	a) 23x14x7cm (9″x6″x3″) b) Rectangulaire, brun-roux, non émaillé Reddish brown, unglazed, rectangular c) I-hsing, Chiang-su / Yixing, Jiangsu
120	80A	*Buxus microphylla* var. *sinica* Buis de Chine Chinese boxwood	44cm (17″)	71	a) 33x24x10cm (13″x9″x4″) b) Rectangulaire, marbre blanc White marble, rectangular c) Chine / China
121	80B	*Buxus microphylla* var. *sinica* Buis de Chine Chinese boxwood	33cm (13″)	22	a) 27x20x6cm (11″x8″x2″) b) Rectangulaire, vert, émaillé Green, glazed, rectangular c) Japon, fabricant: Seto Japan, manufacturer: Seto
136	83	Paysage chinois de pierre d'axinite Chinese landscape of axinite rock	82cm (32″)		a) 120x39x3cm (48″x15″x1″) b) Rectangulaire, marbre blanc White marble, rectangular c) Chine / China
137	82B	Paysage chinois de pierre d'axinite Chinese landscape of axinite rock	25cm (10″)		a) 70x32x5cm (27″x12″x2″) b) Rectangulaire, marbre blanc White marble, rectangular c) Chine / China
138	82A	Paysage chinois de pierre coralienne Haimu Chinese landscape of Haimu coral rock	14cm (5″)		a) 78x38x3cm (31″x15″x1″) b) Rectangulaire de marbre blanc White marble, rectangular c) Chine / China

No	Page	Noms/ Names	Hauteur/ Height	Age ans/ years	Pot: a) dimensions b) description c) provenance
400	90	*Pinus parviflora* Pin blanc du Japon Japanese white pine	78cm (30″)	90	a) 56x43x11cm (22″x17″x4″) b) Oval, gris, non émaillé Grey, unglazed, oval c) Japon, fabricant: Tokoname Japan, manufacturer: Tokoname
401	99	*Pinus parviflora* Pin blanc du Japon Japanese white pine	46cm (18″)	65	a) 47x33x14cm (18″x13″x5″) b) Rectangulaire, brun-roux, non émaillé Reddish brown, unglazed, rectangular c) Japon, fabricant: Tokoname Japan, manufacturer: Tokoname
402	95C	*Pinus thunbergiana* var. *corticosa* Pin noir du Japon à écorce liégeuse Japanese cork-bark black pine	61cm (24″)	55	a) 39x33x10cm (15″x13″x4″) b) Oval, brun, non émaillé Brown, unglazed, oval c) Japon, fabricant: Tokoname Japan, manufacturer: Tokoname
403	95B	*Pinus thunbergiana* var. *corticosa* Pin noir du Japon à écorce liégeuse Japanese cork-bark black pine	59cm (23″)	70	a) 46x28x11cm (18″x11″x4″) b) Rectangulaire, brun, non émaillé Brown, unglazed, rectangular c) Japon, fabricant: Tokoname Japan, manufacturer: Tokoname
404	95A	*Pinus thunbergiana* var. *corticosa* Pin noir du Japon à écorce liégeuse Japanese cork-bark black pine	53cm (21″)	68	a) 34x26x12cm (13″x10″x5″) b) Rectangulaire, rouge, non émaillé Red, unglazed, rectangular c) Japon, fabricant: Houtoku Japan, manufacturer: Houtoku
405	92	*Acer buergerianum* *Érable trilobé* *Trident maple*	61cm (24″)	60	a) 49x35x10cm (19″x14″x4″) b) Rectangulaire, bleu, émaillé Blue, glazed, rectangular c) Japon, fabricant: Tokoname Japan, manufacturer: Tokoname
406	97	*Acer buergerianum* Érable trilobé Trident maple	76cm (30″)	24	a) 56x42x4cm (22″x16″x2″) b) Oval, brun, non émaillé Brown, unglazed, oval c) Japon, fabricant: Tokoname Japan, manufacturer: Tokoname

No	Page	Noms/ Names	Hauteur/ Height	Age ans/ years	Pot: a) dimensions b) description c) provenance
407	96	*Fagus crenata* Hêtre du Japon Japanese Beech	84cm (33″)	40	a) 72x47x5cm (28″x18″x2″) b) Oval, blanc, émaillé White, glazed, oval c) Japon, fabricant: Houtoku Japan, manufacturer: Houtoku
413	101	*Rhododendron* "Kin Sai" Azalée Satsuki "Kin Sai" Satsuki azalea "Kin Sai"	90cm (36″)	23	
434	104	*Rhododendron* "Mei Sei" Azalée Satsuki "Mei Sei" Satsuki azalea "Mei Sei"	73cm (29″)		a) 41x41x16cm (16″x16″x6″) b) Rond, brun, émaillé Brown, glazed, round
453	103	*Rhododendron* "Haru No Sono" Azalée Satsuki "Haru No Sono" Satsuki azalea "Haru No Sono"	60cm (23″)		a) 31x31x14cm (12″x12″x5″) b) Rond, brun, non émaillé Brown, unglazed, round c) Japon, fabricant: Tokoname Japan, manufacturer: Tokoname
460	102	*Rhododendron* "Kotobuki Hime" Azalée Satsuki "Kotobuki Hime" Satsuki azalea "Kotobuki Hime"	86cm (34″)		a) 24x24x11cm (10″x10″x5″)
600	110	*Larix laricina* Mélèze laricin American larch (or tamarack)	71cm (28″)	14	a) 130x52x7cm (51″x20″x3″) b) Dalle d'ardoise naturelle Natural slate slab c) trouvée dans la nature collected in nature
601	114	*Picea glauca* Épinette blanche White spruce	63cm (25″)	6	a) 56x38x5cm (22″x15″x2″) b) Oval, brun, non émaillé Brown, unglazed, oval c) Japon, fabricant: Tokoname Japan, manufacturer: Tokoname

REMERCIEMENTS / ACKNOWLEDGEMENTS

Le Jardin botanique de Montréal remercie les principaux donateurs d'arbres et de plantes miniatures de sa collection.

The Montréal Botanical Garden sincerely thanks the following donors of miniature trees and plants:

- Wu Yee-Sun, Hong Kong
- Wu Po-Kung, Hong Kong
- Cheung Sau-Jean, Hong Kong
- Le Jardin botanique de Shanghaï / Shanghai Botanic Garden
- Du Japon / from Japan:
  Bonsaïs/Bonsai: Shinji Ogasawara, Kiniaki Hiramatsu, Kiromi Yamaji, Masatsugu Yoshiwara, Heitaro Fujii.
  Azalées/Azalea: Katsuyoshi Tanaka, Tetsuo Kawata, Mitsuo Tsukahara, Shoichi Takagi, Shuichi Takayama, Tomoo Kuniki, Shigeru Kataniwa, Yoshikaza Saito, Yoshio Ueda, Toichiro Takahashi, Onojiro Sekiguchi, Toshio Fujimoto, Minoru Kishino, Ryuji Kobayashi.
- La Société de Bonsaïs de Montréal / Montreal Bonsai Society
- Andrew N. Lenz, États-Unis / United-States

Le Jardin botanique tient aussi à souligner la collaboration des organismes suivants :

The Botanical Garden also wishes to express its appreciation to:

- Le gouvernement du Canada / The Government of Canada:
  — Agriculture Canada
  — Commissariat du Canada à Hong-Kong / Commission for Canada in Hong Kong
- Le gouvernement du Québec et sa délégation à Hong-Kong / The Quebec government and its delegation in Hong Kong

La société CP Air a transporté gratuitement les arbres de la collection Wu de Hong-Kong à Montréal.

CP Air flew the trees of the Wu collection from Hong Kong to Montreal free of charge.

- **Hu**, Yunhua, *"Penjing, the Chinese Art of Miniature Gardens"* Ed. Timber Press, Beaverton (Oregon) U.S.A., 1982.
- **Inn**, Henry and **Lee**, Sao Chang, editors, *"Chinese Houses and Gardens"*, Fong Inn's Ltd., Honolulu, 1940.
- **Keswick**, Maggie, *"The Chinese Garden, History, Art and Architecture"* Academy Editors, 1978, London.
- **Koreshoff**, Deborah R., *"Bonsai, Its Art, Science, History and Philosophy"*, Boobalong Publications, Brisbane, Australia, 1984.
- **Ogrizek**, Doré, Ed., *"Japan"*, McGraw-Hill Publishing Co. Ltd., N.Y. 1957.
- **Wu**, Yee-Sun, *"Man Lung Artistic Pot Plants"* Wing Lung Bank Ltd Art Publications, Hong Kong, 1969.
- **Yoshimura**, Yuji and **Halford**, Giovanna H., *"The Japanese Art of Miniature Trees and Landscapes"*, Ed. Charles E. Tuttle Co., Rutland (Vermont) U.S.A. and Tokyo, Japan, 1957.
- *"The Essentials of Bonsai"*, Ed. Timber Press, Portland (Oregon) U.S.A., in cooperation with American Horticultural Society, 1982 (Copyright by Shufunotomo Co. Ltd., Japan).

Articles:

- **Murata**, Kyuzo, *"Spirit of Bonsai"* (Bonsai Journal, winter 1976).
- **Pilling**, Ronald W., *"Penjing: Vista in a Tray"*, (Garden, Sept.-Oct. 1984).
- **Shear**, William A., *"Zen Aesthetics and Bonsai"*, (Bonsai Journal, fall 1979).
- *"World's Oldest Living Bonsai... Discovered in Ancient Tomb"* (Bonsai Down Under, autumn 1985).

INDEX ALPHABÉTIQUE DES BONSAÏS / ALPHABETICAL INDEX OF TREES

imprimé par
Servi Copie & Litho